Al Imfeld
Berge führen nicht in den Himmel
sondern in die Tiefe

Al Imfeld

* 1935, aufgewachsen im Luzernischen.
Studium der Theologie, Philosophie, Soziologie,
dann Journalismus und Agrarwissenschaften.
Entwicklungsexperte, Mitarbeiter mehrerer
Rundfunkanstalten und Zeitungen.

Im Waldgut erschienen:

Wenn Fledermäuse aufschrecken, liegt etwas in der Luft, das kein Mensch zu ändern vermag. Erzählungen aus Afrika und dem Luzerner Hinterland. 1994.

Da kam eines Tages im Frühsommer, kurz vor dem Melken, ein Mann leicht und fast tänzelnd vom Wald daher. Neue Geschichten. 1997.

Berge wachsen nicht in den Himmel, sondern in die Tiefe. Geschichten aus dem Hinterland. 2002.

Hrsg. Al Imfeld
Wir weinen nicht mehr, Afrika! Frauenleben. 1993.

Al Imfeld

Berge führen nicht in den Himmel sondern in die Tiefe

Geschichten aus dem Hinterland

Waldgut

Alle Rechte vorbehalten
Copyright by Verlag Im Waldgut AG
Frauenfeld
2002

Umschlagbild Atelier Bodoni
Gestaltung Atelier Bodoni
Satz Thomas Marti Interlaken
Druck und Einband
Freiburger Graphische Betriebe Freiburg

ISBN 3 7294 0279 X

Verlag Im Waldgut, Industriestrasse 21
CH-8500 Frauenfeld

Inhalt

Vorwort von Hans A. Pestalozzi 7
Als das Radio und der Heilige Geist noch eins waren 9
Der Grossvater 16
Zwischen Wald und Moor und in der Mitte die Angst 21
Das Mätteli und der Korber 28
Der Chäufmali 35
Unser Feldmauser 40
Berge führen nicht zum Himmel sondern in die Tiefe 47
Agnes, auf dem Land unbeholfen und
verloren im Leben 54
Der Schnapsbrenner im Hinterland 61
Ein Entlebucher Pendler 68
Für immer 80
Der Stumme 89
Hänsli Sepp 99
Zwei Ansichten von Jauche oder
ökumenisches Güllen 110
Nachbarn sind Freunde, Freunde sind Nachbarn 116
Du bist die Ausnahme 121
Konkurs – und du bist öffentlich tot 126
Autohüten auf der Alp 129
Warum, ja, warum nur? 135
Die ungeklärte Wut des Sergei Dachevski 143
Noldi, ein glücklicher Kleinbauer 148
Erzwungene Solidarität 151
«Bringt mir ja keinen Dreck ins Haus!» 156
Der Sonntägler 159
Wenn sich Liebe zurückzieht 164
Worterklärungen 171

Vorwort
von Hans A. Pestalozzi

Man kriegt nie genug davon – sie verleiden einem nie.
Ob sie auf DRS 1 von Schauspielern in perfektem Bühnendeutsch vorgetragen werden –
Ob er selber auf dem Napf in urigstem Schweizerdeutsch die Emmentaler und Entlebucher Bauern unterhält –
Ob sich in der Zürcher Strassenbahn zufällige Passanten über das Gehörte wundern –
Oder ob man sie sich in Buchform in aller Stille zu Gemüte führt –
sie faszinieren immer, die Geschichten von Al Imfeld.
Worin besteht sie denn eigentlich, diese Faszination?
Ist es die einfache, kraftvolle Sprache, die genau zum Inhalt passt?
Ist es die klare Selbstverständlichkeit, mit der all die oft eigenartigen Erlebnisse vermittelt werden?
Ist es die Erinnerung an eigene Kindheitserlebnisse, die unweigerlich wachgerufen werden?
Ist es nostalgische Wehmut: «Das waren noch Zeiten»?
Ist es im Gegenteil die Konsternation über gegenseitiges Misstrauen, konfessionelle Abgründe, kirchliche und politische Abstrusitäten von damals?
Ist es der Kontrast zwischen dem einfachen, meist ärmlichen Leben der damaligen Zeit und dem heutigen «Immer-noch-mehr-haben-Müssen»?
Es braucht eigentlich gar keine Erklärung.

Im schönsten Gedicht von Erich Fried heisst es:
«Es ist, wie es ist.»
Über Al Imfelds Geschichten sollte stehen:
«Es war, wie es war.»

Als das Radio und der Heilige Geist noch eins waren

Grossmutter war eine grossartige Geschichtenerzählerin. Grossvater hingegen las und las und murmelte in sich hinein. Er wusste, was heile Welt war. Dafür betete er jeden Tag mindestens sechs bis sieben Rosenkränze. Manchmal müssen ihm jedoch Zweifel an seinem Beten gekommen sein, denn die Welt wurde nicht besser, sondern noch schlechter. Der zweite Weltkrieg brach aus.

Grossvater konnte böse werden, wenn das, was er las, nicht zu stimmen schien. Es gab für ihn nichts anderes als Wahrheit oder Lüge und so musste das, was er im *Vaterland*, der katholisch-konservativen Tageszeitung, las, wahr und richtig sein. Diese Zeitung hatte jedoch nichts von einem nahenden Kriegsausbruch berichtet. Und das am Vrenelistag, am 1. September, als wir uns mitten im Kirchweihfest von Buttisholz befanden und dreimal in die Kirche, zur Messe, zum Rosenkranz und dann noch zur feierlichen Segensandacht mit vergoldeter Monstranz, Weihrauch und *Tantum ergo* mussten.

Wäre es das *Tagblatt*, die liberale Zeitung, gewesen, die einen Kriegsausbruch verschwieg, dann wäre es exakt diese teuflische Methode des «indirekten Lügens» – ein Ausdruck, den Grossvater gerne gebrauchte – gewesen. Doch war dieses Blatt für Grossvater bloss ein Lügenblatt. Warum braucht es überhaupt zwei Zeitungen, wenn es nur eine Wahrheit gibt? Das war schon des Teufels Beweis genug! Doch, um Himmels Gotts willen, dieses Blatt las Grossvater nicht. Es durfte nicht auf den Hof kommen. Hätte er auch nur einen Fetzen davon draussen auf der Wiese gefunden, ihm wäre eine satanische Anstiftung der Nachbarn zum Unfrieden klar gewesen. Damals wurden alte Zeitungen noch in allen Geschäften zum

Verpacken benutzt. Ein Geschäft, das Dinge und Sachen mit dem *Tagblatt* verpackte, mieden wir selbstverständlich. Allein an der Verpackung war jeder Luzerner erkennbar und genau einzuordnen.

Der Krieg brach aus. Nachdem alle Glocken geläutet hatten, mussten wir nochmals diesen halbstündigen Weg nach Buttisholz unter die Füsse nehmen und ein viertes Mal zur Kirche gehen, um für den Frieden zu beten. Auf dem Weg dorthin sagte Grossvater zur Mutter: «Brauch ja die Zeitungen auf dem Ofenbänkli noch nicht zum Einpacken oder zum Anfeuern. Räum sie noch nicht weg. Ich muss die von der letzten Woche nochmals durchgehen. Etwas stimmt einfach nicht.»

Als nach der Spezialandacht jemand auf dem Kirchhof sagte: «Es stand im *Tagblatt*», da fluchte Grossvater in seinen Bart hinein: «Diese Freimaurer!» Er nahm uns zur Seite und wies uns an, sofort mit ihm nach Hause zu gehen. Unterwegs murmelte er mehrere Male: «Ich habs immer gesagt: die Freimaurer!»

Zuhause mussten wir am Tisch nochmals einen Rosenkranz für den Frieden beten. Für uns Kinder bedeutete Krieg beten, bis zum Schwarzwerden. Je mehr wir an den folgenden Tagen beteten, desto schlimmere Nachrichten kamen gemäss Grossvater herein. Für uns war es die Last, ja keinen Zweifel haben zu dürfen, um nicht noch schwerer zu sündigen und so diesen Krieg zu verlängern. Beten ohne eine Wirkung und nicht daran zweifeln dürfen. Beten – fast Tag und Nacht – selbst beim Melken im Stall und draussen beim Grasen, wenn und wie es nur irgendwie ging. Aber dieser Krieg ging nicht von dannen. Ob Grossvater vielleicht die falsche Zeitung las? Doch solches durfte niemand aussprechen: das hätte Schläge gegeben.

Aber irgendwelche Zweifel müssen auch an Grossvater immer kräftiger genagt haben. Oder war die Berichterstattung über den Krieg zu langsam in einer Tageszeitung? Grossvater tat das für uns Unglaubliche: er kaufte einen Radioapparat! So waren wir, die Imfelds, für lange Zeit weit und breit die einzigen mit einem Radio; es war der erste Radio in der Napfgegend.

Für mich als Bub war der Radio ein Wunder, nein mehrere Wunder in einem, wenn ich es ehrlich ausdrücken will. Da kaufte ein so konservativer Grossvater ein Radio. Da baute er plötzlich sogar das Beten ein wenig ab. Da entstand eine andere Zeit neben der Kirchzeit. Da wurde zu genau bestimmten Zeiten gegessen und zugehört. Früher hatten wir am Abend bei Tisch den Rosenkranz gebetet, nun lauschten wir den Stimmen des Radios. Nur Musik mochte Grossvater nicht; wenn die durchkam, sagte er resolut: «Stellt diese Gigelimusik ab!»

Ein weiteres Wunder war, dass Grossvater von einem Tag auf den andern dem Radio mehr als dem *Vaterland* glaubte. Wie konnte das nur sein?

Wir Buben hatten stets mit Grossvater zu tun. Eigentlich mochten wir ihn. Neben seinen Glaubensschrullen hatte er viele gute Seiten. Als er wieder einmal auf dem Dengelstock sass und seine Pfeife rauchte – eine Pfeife, die nie endete – fragte ich ihn: «Kommen die Nachrichten des Radios direkt vom Himmel?» Er hatte eine solche Frage nicht erwartet, ja, er war baff und wurde offensichtlich unsicher, oder spürte in sich einen Widerspruch. Er versuchte eine Erklärung, die Gott und dem Glauben nicht widersprach. Seine Antwort, ich habe sie bis heute in den Ohren, kam unbeholfen daher: «Wellen bringen die Wahrheit sicherer als das geschriebene Wort herüber. Wellen sind dem Heiligen Geist näher als diese Zeitungstexte. Wellen sind noch nicht verschmutzt. Wellen sind dem lieben Gott wohl lieber als Papier. Stell dir vor, was sollte all das Papier im Himmel?»

«Aber, Grossvater, wer schickt diese Worte, die aus dem Radio herauskommen, hoch und wer bringt sie wieder herunter? Und wenn alle senden, gerät dann in der Luft nicht alles durcheinander?»

Schon hatte ich Grossvater ganz naiv ins nächste Stolperloch getrieben. Er gab keine Antwort – ausser einer schalkhaften:

«Weisst du, ich ziehe diese Wellen an. Glaubst du, die bösen Wellen würden es wagen, zu mir zu kommen?»

«Aber, Grossvater, könnte ich als Bub andere Nachrichten als du anziehen? Ich bin ja noch jung und dumm.»

Grossvater, trocken: «Ich muss jetzt in den Stall.»

Da Grossvaters Raum die schöne Stube war, hörten wir Radio in der Küche durch das Ofentürchen. Das ging gut und kam bestens durch. Grossvater stellte den Radio etwas lauter, und so konnten wir beim Essen am langen Tisch gut die Nachrichten hören. Durch das Ofenloch sprach aus der Stube eine Stimme wie ein Geist, der regulierbar war.

Grossvaters Radio veränderte unser Leben, den Ablauf des Alltags und sogar das Empfinden unseres Selbstwerts. Nicht nur die Zeit änderte sich, sondern wir Imfelds rückten ein bisschen mehr ins Zentrum anderer Menschen. Bis anhin waren wir als kleine Bauern einigermassen verachtet. Unsere Kühe gaben nie soviel Milch wie die der Grossbauern. Wir standen stets hinter Muffs, Sidlers und Buchers zurück. Das wurde uns auf dem Schulweg von den anderen Jungen immer wieder abschätzig beigebracht. Wir Imfeld-Buben konnten diesen Milch-Rückstand einfach nicht verstehen. Niemand konnte es uns erklären – ausser mit dem einfachen Satz: Grosse Bauern bekommen mehr Milch. Wie ungerecht war doch diese Welt! Eigentlich hätten wir schon damals lieber statt Welt Gott gesagt, wenn Mutter und erst recht Grossvater darob nicht derart erschrocken wären. Diese Zurückhaltung beim Reden hatten wir schon früh gelernt. Aber jetzt hatten wir etwas Neues, etwas, das die anderen nicht besassen. Einen oder ein Radio – schon der Lehrer konnte uns nicht sagen, ob Radio mit der oder das angesprochen wird. Eins war Grossvater klar: weiblich und somit schwatzhaft war es nicht. Weil die Deutschen «das» sagten, entschieden wir uns im Hinterland für «der». Der Radio und Gottvater.

Bald kam es zu einer eindrucksvollen Zeremonie unter dem Fellenbergzwetschgen-Baum unten beim Güllenauslauf. Jeden Freitag Abend exakt um sieben standen die Nachbarn da, wie als sie früher zur Andacht in die Kirche oder die Kapelle gingen. Die meisten Männer gingen freitags nicht mehr zur Andacht oder zum Rosenkranz. So wandelte sich die Zeit, und die Männer hatten eine gute Ausrede. Einst war es das Vieh, nun der Radio. Einst der Rosenkranz, nun die *Weltchronik*. Am Freitag um sieben versammelten sich Männer der Nachbarschaft. Frauen kamen nie, die mussten entweder zum Gebet oder daheim zum Essen schauen. Wir Kinder waren geduldet, falls wir ganz still und ruhig waren.

Eigentlich hätte die sonderbare Andacht auch in der Stube, wo Grossvaters Radio meist stand, stattfinden können, aber das wollte Mutter unter keinen Umständen: Im Frühjahr und im Sommer war um diese Zeit die Arbeit im Stall noch nicht abgeschlossen, und so wären die Männer mit dreckigen Schuhen in die schöne Stube getreten.

Um sieben begann die *Weltchronik* von J. R. von Salis – das muss man im Kopf oder im Gehör haben. Schon die Ankündigung war so würdig – immer mit J. R. und nicht mit ausgesprochenen Vornamen – gefolgt von diesem würdigen *von*, und schliesslich Salis, das erinnerte uns an Höhenluft auf einem Schloss in den Bündnerbergen.

Jeden Freitag erklärte J. R. von Salis in zwanzig Minuten die Weltlage. Die Bauern hörten so andächtig zu wie nie in der Kirche. Und ob sie alles verstanden? Auf jeden Fall gab es anschliessend immer viel Diskussion. Manchmal, wenn ein bisschen Hoffnung aufkam, machte Mutter einen Kaffee. Leider funktionierte der Empfang nicht unter dem Lindenbaum, wo alle sich hätten um den Tisch setzen können. Nein, man stand unten beim Güllenauslauf neben dem Zwetschgenbaum um den Radio herum. Es waren für uns «Zwetschgen mit einer Botschaft», Zwetschgen waren für uns immer schon eigenartig.

Uns Buben muss es wie den Zwetschgen ergangen sein. Die Wellen der *Weltchronik* kamen in unser Leben, nicht etwa weil wir viel verstanden. Dennoch ist diese *Weltchronik* zur Grundlage meiner und anderer Weltanalysen geworden. Ich lernte damals, dass nicht jedes Wort begriffen werden muss. Wichtig war das Drum-herum. Der Ton. Das Zeremoniell oder das Ritual. Dieser J. R. von Salis erklärte und deutete. So lange er sprach, so würdig und erhaben, wussten Bauern und Buben, dass die Welt noch existierte und der Krieg nicht alles zerstört hatte. Es gab also noch Erklärungen. Und somit Dinge, die erklärt werden konnten.

Die Zeit existierte weiter.

«J. R. von Salis» war ernst und seriös. So ganz anders als unser Pfarrer oder die Prediger, die uns dauernd neue Schuld, andere Sünden und versteckte Vergehen vorwarfen, die wir alle uns zuerst einbilden mussten, um sie in uns zu haben. Vielleicht gehörte all das zum Glauben, der ein inneres Siegel hinterliess, das eingeprägt sein soll. Und nun dieser J. R. von Salis, den wir nie sahen und nur hörten. Der durch die Lüfte daherkam und halt doch etwas vom Heiligen Geist besass.

Der Krieg ging zuende. Die Spannung und das Interesse an der Welt verschwanden. Keine Bauern kamen mehr wegen eines Radios zusammen; die meisten hatten sich selber einen gekauft. Unserer stand nun in der Küche. J. R. von Salis erklärte weiter die Welt, aber jetzt meinten die Bauern plötzlich, dass sie solche Worte nicht mehr verstünden. Ob wir während des Krieges gescheiter gewesen waren?

In Afrika wäre unser Zwetschgenbaum zum heiligen Baum erklärt worden. Auch für uns Buben besass der Baum *Mana*, ein Wort, das wir aus den Winnetou-Romanen kannten; die Karl May-Bücher gehörten selbst im Krieg zu unserer Lektüre. Zehn Jahre nach dem Krieg glaubten wir an spezielle

Kräfte. Als wir bereits etwas von Radiotechnik wussten und uns eine Empfangsstation für das berühmte Fussball-Endspiel 1954 in Bern bastelten, taten wir uns erneut unten am Auslauf und mit dem Zwetschgenbaum zusammen. Wieder siegte das Gute, wenigstens für uns. So rasch änderten sich Zeiten. Nun lieber Deutschland als Ungarn. Für Grossvater wurde sein Radio etwas Gewöhnliches. Das *Vaterland* regte ihn noch immer auf. Doch etwas nicht: Der Kommentar von Kopp oder Wick war ihm wichtiger als J. R. von Salis geworden.

Grossvater jasste leidenschaftlich gern. Er hätte alles unternommen, damit am Radio endlich einmal etwas übers Jassen zu hören wäre. Es gab das Morgenturnen, das ihn und uns aufregte. Einmal in der Woche hätte das Radio doch Jassen bringen können! Doch siehe da: eines Tags war am frühen Abend Jazz angekündigt. Mutter hörte es: «Es folgt bald eine Jass-Sendung.» Das Wort wurde genau wie Jass ausgesprochen. Grossvater wartete und ging durch die ganze Qual von Jazz hindurch. Er konnte es nicht fassen und wartete und wartete. Bis Mutter in der Zeitung nachschaute und Grossvater rief: «Hier steht nicht Jass, sondern Jazz. Weißt du, was das ist?»

Für Grossvater war klar, dass die böse Welt nun auch noch mit einem gestohlenen Wort unser Liebstes in der Freizeit, nämlich unseren Jass, in den Dreck zog oder – wie er sagte – verhunzte. Seitdem glaubte Grossvater immer weniger an den Heiligen Geist im Radio.

Der Grossvater

Es ist ein Bild, das mir ab heute mein Leben lang in Erinnerung bleibt. Auch wenn ich nur eine Woche lang auf dem Bauernhof im Urlaub war. Oben bei der Scheune, die zusammen mit dem Wohnhaus an einen Hang gebaut ist, dengelt Grossvater Hunkeler. Es wirkt wie eine Szene aus einem mittelalterlichen Totentanz.

Ich steige zu Hunkeler hinauf und lasse mir das Dengeln erklären. Ich musste in der Jugend auch dengeln – dabei beschlich mich jeweils ein eigenartiges, fast ungeheuerliches Gefühl. Auch bei uns hatte einst der Grossvater gedengelt. Solange er dies tat, hatte das Dengeln einen ganz anderen Ton als später von Vater. Bei Vater waren die Töne längst nicht so tiefgründig. Als Grossvater starb, hatte selbst bei den kleinen und ärmeren Bauern der Grasmäher Einzug gehalten. Bei uns war es Marke *Ächerli* aus der Gegend.

Diese Dengeltöne erinnern mich an Trommeln und Schmiede. Kein Wunder, wurden einst beide in Afrikas Mythologie hoch verehrt und gefürchtet. Der Schmied wurde wie der Dengelstock sehr abseits plaziert. Die Dengelschläge durften auf keinen Fall in der Nacht ertönen.

Ich war bewusst von hinten gekommen, um Grossvater nicht zu stören. Dieser Gang versetzte mich gleichzeitig in verschiedene Welten: Urzeit und Gegenwart, Tod und Leben, Höhe und Tiefe gingen durcheinander. Grossvater richtete sich auf, als er mich zuschauen spürte.

Er hatte mich sicher beobachtet, denn niemand dengelt Töne einfach in die Welt hinaus. Aus Verlegenheit sagt er trocken: «Bald kann nur noch ich es auf dem Ronmühlehof, denn Dengeln ist eine besondere Kunst.» Hat denn HP – so nannten alle den jungen unternehmungslustigen Bauern – das Dengeln nicht von ihm gelernt? will ich wissen. Grossvater setzt zu einer Pause an, verschnauft etwas, lässt von der Konzentration los und erklärt mir des langen und breiten, dass es eine Kunst sei, die erst im Alter beherrscht werde. Will er damit andeuten, dass Dengeln mit ihm stirbt? «Wenn man nicht früh genug beginnt», will ich einwenden. Nein, dazu gibt es keinen Grund, «eine Sense richtig zu dengeln, vermag nur eine ruhige Hand mit etwas Festigkeit, und der Hammer muss wissen, dass es ernst gilt. Beim Jugendlichen», meint er, «lacht der Hammer und tut, was er will. Aber auch die Sense hält nicht richtig still und tanzt auf dem Dengelbock herum.» Er bedauert, dass es auf den Bauernhöfen keine alten Dengelstöcke mehr gibt. Früher seien das massive Steine gewesen, auf denen der Dengler sass. In einem solchen Dengelstein steckte ein vierkantiges Eisen. Darauf musste die Sense geführt und geschlagen werden.

Ich erkundige mich nach einem scheinbar müden und alten Ton des Dengelns. Grossvater stimmt sofort zu. Ihn störe dieser stumpfe Ton auch – als ob es keinen Widerhall mehr gebe und selbst das Innere der Erde komme kaum zum Dröhnen. Als ob man allein auf der Welt sei. Ohne Resonanz, ohne Widerhall.

Früher – und deshalb wohl die anderen Töne – sei der Dengler inmitten der «Armen Seelen» gesessen.

Warum er nicht unter dem Nussbaum und auf dem dortigen Findling dengele, möchte ich wissen. «Das geht nicht», sagt er kurz und so, dass ein Nachfragen beleidigend wäre. Und im Echo höre ich: «Das geht nicht!» Doch ohne zu fragen, wusste ich warum: Hatte nicht auch Mutter stets gesagt «unter dem Nussbaum herrscht Ruhe. Der Baum gehört dem Ältesten und der muss wachsen und zunehmen.»

Grossvater Hunkeler lebte allein im Stöckli, das HP und Vreny bauen liessen. Seine Frau war vor ein paar Jahren gestorben. Der Grossvater kam mir einsam und melancholisch vor. Vielleicht war es bloss die Abgeklärtheit des Alters; ich kannte ihn nur flüchtig.

Mein Pendlerfreund aus dem Entlebuch, den ich einmal fragte, warum der Grossvater irgendwie immer traurig sei, meint mit Hilfe des Pendels: «Mir scheint... die Ausschläge des Pendels wollen sagen, dass seine Frau noch nicht ganz erlöst und um ihn herum ist. Sie ist noch nicht heimgekehrt. Sie ist ein *Döggeli*, sie bedrückt ihn, sie will, dass er mehr für sie betet.» Dabei liess er beständig das Pendel ausschlagen, und seine kurzen Sätze klangen wie Bittrufe.

Ich werde ans Museum, gleich neben dem Ronmühlehof, erinnert. Dort gibt es eine Szene, wie früher die Seelen von Toten eine Zeitlang im *Kästli* eingesperrt waren und immer wieder klopften. *Döggeli* hängt mit dem Klopfen zusammen. Um diese Seelen heimzuführen, musste entweder der betroffene Mensch oder die Familie oder gar die Gemeinde Messen lesen lassen, eine, zwei, mehrere, oder für die Erlösung ein *Vaterunser* oder ein, zwei oder mehrere *Gesätzchen* vom Rosenkranz beten. Erbarme dich ihrer. Und erbarme dich auch unser: *misere nobis*. Beten und an die betreffende Person denken, verbunden bleiben, um das ging es. Alle brauchen Begleiter beim Hinübergehen.

Klopfen ist ein Aufruf zum Gebet für sie und gleichzeitig ein Flehen nach Frieden – *dona nobis pacem*. Solange geklopft wird, ist die arme Seele noch da.

Die Essenszeiten waren klar festgelegt: um halb Acht das Frühstück, halb Eins Mittagessen und um Sieben das Nachtessen. Grossvater kannte diesen Rhythmus genau, er kam ungerufen und setzte sich an seinen Platz, blieb ganz ruhig. Er war stets ernsthaft. Nie hörte ich ihn schimpfen oder eine Unzufriedenheit äussern. Langsam nur setzte er jeweils beim Gespräch mit ein; und immer nur, wenn es um Früheres ging. Er musste ein riesiges Wissen besitzen.

Beim Findling unter dem Lindenbaum, ganz nah dort, wo er gedengelt hat, holte er aus in die Stein- und Eisenzeit, zum Aaregletscher mit den Moränen, zu den kleinen Töchtern wie Fronalpstock. Ich hätte es auf Band aufnehmen müssen – soviel auf einmal kann ich nicht im Kopf behalten. Aber – ob er dann so gelöst geredet hätte? Alle haben Furcht vor dem Tonband, auch die Toten oder Armen Seelen.

Eine Arbeit machte er allein und stolz. Er lud die *Brenten* mit der Milch in den Kofferraum «seines» Autos. Ja, ans Auto hatte er sich gewöhnt, als ob es dies schon seit der Steinzeit gäbe. Dann fuhr er los, besonnen, meditativ; er fuhr die Milch zur Käserei. Er kam immer sofort zurück. Als ich ihn fragte, ob er denn nicht in der Käserei mit anderen Bauern einen Schwatz abhalte, antwortete er wie auf eine Frage, die nur von einem ganz und gar Unwissenden kommen konnte: «Da redet man nicht.»

«Warum?» will ich wissen.

«Ich weiss es nicht genau, aber ich glaube, dass sich alle ein bisschen schämen; jeder vor jedem.»

Nun möchte ich erst recht wissen, warum? Seine Antwort muss auch er sich nachdenklich hervorholen: «Es könnte sein, dass wir uns alle voreinander schämen und wir alle einander erklären müssen, was wir tun. Früher wurde alles an der Milch gemessen. Ein Grossbauer hatte eine Unmenge Milch. Da gab es eine Reihenfolge bis zum Kleinsten. Damals wusste jeder, wo er stand. Heute ist das vorbei. Der eine sagt, er mache Bio; der andere will bloss noch sein Kontingent erhalten. Das kam alles mit dem Wauwilermoos.»

Das trocken gelegte Moorland rund um Wauwil gehört dem Kanton. Da gibt es die kantonale Strafanstalt mit einem Grossbetrieb. Hier wird biologisch gewirtschaftet; hier wird experimentiert; hier gibt es auch die Beobachtungsstelle der Vogelwarte Sempach; auf dieser Fläche ist einfach alles anders.

Das meint Grossvater. Er ist nicht böse. Er liebt Pflanzen und Tiere. Das Moos ist ein lebendiges Pflanzen- und Tierbuch. Grossvater beobachtet und beobachtet, aber das ist ihm zu wenig. «Der heutige Mensch weiss nicht mehr, wie mit Kühen und Gras umgehen», sagt er trocken.

Er vermisst die Aufgaben, auch wenn er froh und stolz ist, seitdem er alles «den Jungen» übergeben hat. «Ja, so leicht war die Übergabe nicht, und es ist auch heute noch nicht selbstverständlich. Man wird an den Tod erinnert.»

Er stellt melancholisch fest: «Du beobachtest und beobachtest, bis du merkst, dass dich selbst niemand mehr beachtet.»

Grossvater pflückt ein paar Äpfel, die ruhig noch ein paar warme Tage am Baum ertragen hätten. Aber er braucht einen Grund, um ins Dorf zu einem Schwatz mit einer Verwandten zu gehen.

Grossvater könnte es sich leisten, grundlos ins Dorf zu gehen. Doch das Leben hat ihn – wie die meisten alten Bauern – so geprägt, dass nichts mehr grundlos geschieht. Und so kommt es: Man möchte etwas tun und kann nicht; man möchte mithelfen und wird nicht gebraucht.

Da gibt es nur noch eins, dem Sohn das Dengeln nicht jetzt schon beizubringen. Warum sollte der auch die Sense scharf halten?

Etwas Traurigkeit und einige *Döggeli* sind herum. Andere Seelen holen neue ab. Nicht heute oder morgen. Sie haben einen anderen Rhythmus.

Zwischen Wald und Moor, und in der Mitte die Angst

Mutter erzählte gerne und genüsslich von ihrer Schwester Marie. Schon seit unserer Kindheit kannten wir ihre Geschichten, aber sie waren immer wieder spannend, und sie bekamen mit der Zeit ein Eigenleben. Wir schmunzelten und lächelten, ohne dass dabei Tante Marie lächerlich gemacht worden wäre. Gerade wir Kinder verstanden ihre Ängste nur zu gut. Dazu kam, dass Tante Marie selbst mit diesen Geschichten begonnen hatte und sich niemand über sie lustig machte. Sie erzählte – vor allem später – immer wieder von sich selbst. So machte sie uns Mut, denn sie schien zu sagen: «Keine Angst. Auch ich habe sie überwunden.»

Tante Marie wuchs auf einem grossen Bauernhof in Kaltbach auf. Dieser stolze Bauernweiler gehörte gemäss der luzernischen Kirchgemeindeordnung zu Sursee, was diese Kirchgemeinde für damalige Zeiten enorm weitläufig machte. Zudem besass Sursee ein einzigartiges System: Unter einem Pfarrer standen vier Geistliche, die sogenannten Vierherren, die für je eine der Himmelsrichtungen zuständig waren. So umfasste das mächtige Sursee Mauensee, St. Erhard, Oberkirch und Geuensee. Die Kirche war eine wahre «Burg auf der Höh» – wenigstens aus der Sicht der Kinder. Die Priester wurden vom Volk ehrfurchtsvoll als *Vierherr* angeredet. Vierherr Frei war für Kaltbach zuständig und – selbst von den Liberalen, und aus einer solchen Familie stammte Tante Marie – hoch verehrt. Tante Marie sprach bis ins hohe Alter mit grösster Hochachtung vom Vierherr Frei.

Man mutete damals dem Volk einiges zu. Der Weg von Kaltbach zur Kirche in Sursee war zu Fuss eine Stunde lang. An vielen Sonntagen musste diese Distanz sogar zweimal zurückgelegt werden. Niemand diskutierte oder beschwerte sich darüber. Es war einfach so.

Für die Kinder war nicht die Zeit das Problem, sondern der Wald, der gefürchtete Surseerwald. Er kam allen riesengross vor. Der *Sursiwald* war für alle im gesamten Rundkreis, die vom Hinterland die Verwandten in Kaltbach oder Knutwil besuchen gingen, gefährlich und von bösen Geistern besetzt. Mit dem Fahrrad, an Sonntagen, mit einem Kirchenhalt für den Spätgottesdienst im Kapuzinerkloster, und dann nach Kaltbach – selbst bei Tag trampten fast alle wie Velorenner durch diesen düsteren Wald.

Man habe extra früh, hiess es, für Marie ein Fahrrad gekauft. So konnte sie von Kaltbach nach Sursee und zurück radeln. Das allein war noch keine Erlösung von den Ängsten. Gerade beim Velofahren mussten alle die Augen offen halten, und dabei wusste man, dass der einzige Schutz vor den bösen Fremden, Fratzen, Geistern oder Armen Seelen das Schliessen der Augen war.

Eines Tages, es war trüb, schwül und gewittrig, erschrak Marie im Wald grauenhaft. Es war am späten Nachmittag. Sie hatte in Sursee eine Bibelstunde besucht. Es ging an jenem Tag um die Geschichte von den bösen Geistern, die Jesus überall, in der Wüste und von den Bergen her, bedrohten.

Ganz besondere Angst hatten die Leute vor Fahrenden. Es gehörte zur Erziehung, dass solche Menschen als gemeingefährlich eingestuft und daher die Kinder auf sie hin mit Feindschaft geschult wurden. Alle in der Gegend waren von ihren Eltern und älteren Menschen vor bösen Zigeunern gewarnt worden, und Kindern wurde an die Wand gemalt, dass, wenn sie nicht gehorchten, sie von diesen entführt würden. Solche Vorurteile steckten tief in den Knochen, und Generation um Generation gab solche Schauermärchen, ohne an die Auswirkungen zu denken, weiter.

Dazu gesellte sich die uralte Angst vor dem Wald. Das Böse

wohnte im Wald, und nur schon deshalb musste dieser langsam, aber systematisch zurückgedrängt werden. Wohl daher musste jeder Wald einen starken und undurchdringlichen Gürtel haben, nicht nur als Windschutz, sondern auch als Kanalisierung der Geister, so dass wilde oder verrückte Wesen nur durch einen Weg oder über die Strasse in den Wald eindringen, oder daraus heraus in die Gehöfte kommen konnten. Logisch war das alles bestimmt nicht: Statt die Geister – hätten sie existiert – zu vertreiben, wurden sie auf die Strasse kanalisiert und somit direkt auf die armen Menschen losgelassen. Wer konnte bloss auf einen solch baren Unsinn gekommen sein? Zum Schutz gab es sehr oft vor dem Wald ein Kreuz.

Da fuhr also Marie daher und meinte Geister vor sich zu sehen. Was tat sie? Sie stellte übernervös ihr Velo an eine Tanne, rannte zur nächsten Tanne, und schaute ein, wie wir beim Versteckspiel sagen: Ein Kind muss den Kopf an einen Baum drücken, um nichts zu sehen. Dann nimmt das Kind, immer noch an den Baum gelehnt, die Hände von den Augen und fragt laut: «Darf ich jetzt (zum Suchen) kommen?» Diese Haltung nahm Marie ein und wartete und wartete, und niemand konnte sie erlösen. Das muss furchtbar gewesen sein. Als sie einmal zwischendurch ein wenig die Augen öffnete und blinzelte, sah sie die Geister noch immer. Ihre Qual ging weiter. Es dämmerte schliesslich, zu Hause hatte man sich schon zu fragen begonnen, wo denn Marie bleibe; man wusste, dass sie stets direkt und so rasch wie möglich heimkehrte.

Marie erkannte ihre Lage als ausweglos. Als sie die Dämmerung kommen spürte, konnte sie sich paradoxerweise ein bisschen orientieren. Sie rannte ruck zuck wie wild zum Velo, kehrte um und fuhr nach Sursee zurück, um von dort den Weg über Mauensee zu nehmen. Sie geriet in Panik: In Mauensee hätte sie wenigstens kurz bei lieben Verwandten haltmachen können, doch sie tat es nicht. Und so konnten die in Kaltbach auch nicht benachrichtigt werden.

Die Leute zu Hause machten sich immer mehr Sorgen. Der Meisterknecht wurde gegen den *Sursiwald* losgeschickt. Es war tatsächlich eine Gruppe von Fahrenden angekommen, um hier ihr Lager einzurichten. Der Wald war einer ihrer traditionellen Rast- und Standplätze. Der losgeschickte Knecht fragte einen Mann von ihnen, und dieser sagte in gebrochenem Deutsch: Aber ganz klar, dass ein Mädchen dort hinten sich lange an einen Baum gelehnt hat, und dann ist sie wohl plötzlich in Richtung Sursee weggefahren. Sie hätten nicht daran gedacht, dass sie der Grund der Unruhe waren. Sie wären voll beschäftigt gewesen, den Platz bis zur Nacht herzurichten.

Von Mauensee nach Kaltbach gab es eine Fuhrwerkstrasse. Auch diese war nicht ganz harmlos, denn sie bildete gegen Westen genau die Grenze zum Wauwilermoos, das noch nicht trockengelegt war und in dem Torf gestochen wurde.

Spät, längst nach dem Nachtessen, kam Marie endlich zurück. Total erschöpft und durcheinander. Sie konnte bloss noch weinen und schluchzen. Ein Satz blieb einigen Anwesenden in Erinnerung, weil er sie erschütterte und, wie Mutter uns sagte, wie ein Blitz durch alle Knochen fuhr: «Warum muss der Heiland ausgerechnet die Braven so verlassen?»

Neben dem gefährlichen *Sursiwald* gab es also dieses eigenartige Wauwilermoos. Kein Kind und kaum ein Jugendlicher ging bei Nacht in diese Gegend. An gewissen Tagen gab es da Lichter zu sehen, die vage flimmerten. Sie waren nicht gelb wie Licht; es waren unruhige Lichter, «geisterhaft» war dafür das richtige Wort. Die Lichter der Nacht hatten früher mit den Armen Seelen zu tun. Der Sommer war frei von diesen Lichtern, aber wenn der Herbst kam, und um die Zeit der Armen Seelen zu Beginn des Novembers, traten sie jeweils mahnend auf.

Die Grossbauern von Kaltbach hatten alle einen Anteil «im Moos». Im Spätfrühling und im Sommer war das Moos mit den Blumen, den Sommervögeln und den Libellen faszinierend. Weil es so weit von zu Hause weg lag, musste während der Arbeiten jemand das *Znüni* und *Zobig* bringen. Das war Aufgabe der Mädchen, die stolz auf diese wichtige Aufgabe waren, vor allem im Sommer und zu Beginn der Ernte oder im Frühherbst, wenn Kartoffeln ausgegraben wurden. Doch schon im Herbst konnte das Moos erschreckend sein, sobald die ersten kleinen Nebel kamen und mit ihnen die guten und die bösen Feen.

Auch Marie tat diese Versorgungsarbeit ganz gerne, aber nur an schönen Tagen. Sie hatte einen Riecher für Wetterumschlag, dann erfand sie eine Ausrede, oder wenn es schon sein musste, versuchte sie trickreich, dass jemand noch mitkommen musste. Da ging etwa das ganze Znüni nicht in einen Korb, und es brauchte zwei Packträger, also zwei Velos oder zwei Personen.

Marie befand sich immer wieder zwischen Wald und Moor. Ein wenig Sicherheit gab ihr das Velo. Einmal radelte sie doch allein ins Moos. Da geriet sie urplötzlich in ein Gewitter mit Blitzen. Marie befand sich unausweichlich – wie sie später erzählte – in der Hölle. Nicht einmal beten half mehr. Schlimmer konnte es gar nicht mehr werden. Sie legte sich hin und stiess das Velo von sich. Das Gewitter war gottlob nur kurz. Aber im Liegen sah sie ganz deutlich, dass die Lichter der Armen Seelen flackerten und zitterten. Eigentlich fürchteten die Leute sich vor Armen Seelen weniger oder nicht, denn diese mahnten ja nur, damit für sie gebetet werde, oder dass man mit ihnen Erbarmen habe und sie weiter in die Himmel aufsteigen lasse. So befand sich Marie zwischen Panik und Sicherheit. Diese Zeiten mochten Bruchteile von Sekunden sein, doch Marie empfand sie als Ewigkeit.

Mit dem Moor verbunden gab es immer neue Erlebnisse. Mit dem Velo und einem Anhänger wurde Torf zu Leuten gefahren, die getrockneten Torf wie heute Holz bestellten.

Auch Marie fuhr Torf aus. Eines Tages musste sie ins schluchtenreiche oder – wie Hinterländer sagen – vertobelte

Napfgebiet zu einer alleinstehenden Frau. Ihr wurde unwohl, als sie diese Frau sah. Sofort fand sie sich in ein Märchen mit Hexe versetzt.

Die Frau hatte die meisten Zähne wohl längst verloren; alles im Haus war alt und trug die Narben der Abnützung. Die Frau fragte Marie, ob sie einen Milchkaffee möchte. Die Ausfahrt hatte Marie durstig und natürlich hungrig gemacht. So sagte sie selbstverständlich ja – trotzdem hätte sie, nach ihrer inneren Stimme, lieber sofort verschwinden sollen.

Die Frau stellte eine Tasse auf, an deren Krone es kaum eine Stelle ohne herausgebrochene Stücke gab. Die Tasse sah wie eine runde Säge aus. Marie sah sich in einer Welt voller Kleckse und Kerben, und das Gesicht der Frau war ebenfalls voller Napftobel. Sie drehte die Tasse immer wieder und abwechslungsweise in beiden Richtungen ringsum und wusste nicht, wo sie trinken sollte. Sie spürte, wie ihr die eigenartige alte Frau aus Distanz zusah. Schliesslich hatte sie eine Stelle gefunden, an der sie einen Schluck trank. Da krächzte die Frau: «Wie mein Mann! Jesses!»

Diese Töne waren unheimlich, und für Marie schien alles wie Glas in Brüche zu gehen. Sie konnte nur fliehen. Dabei stiess sie die Tasse von sich weg, die fiel zu Boden und zerbrach. Marie muss geschrien haben: «Hilf mir Gott; hilf mir, Jesus, hilf mir, Jungfrau Maria!» Das muss wohl die alte Frau noch mehr erschreckt haben, mehr noch: sie wurde sehr böse und krächzte: «Gott, oh Gott, mein letztes Erbstück von meinem Mann. Nun ist alles zerbrochen. Ich allein bleibe zurück.»

Marie merkte, dass sie sich beim Trinken aus der Tasse verletzt hatte, sie blutete. Sie floh, wie Menschen nur in Märchen fliehen können. Mit dem Velo und Anhänger soll sie wie eine Rennfahrerin, stehend tretend, über Dagmersellen und Wauwil nach Kaltbach gerast sein.

Als sie uns später diese Geschichte erzählte, konnte sie darüber lächeln. Sie machte eine Lehre als Schneiderin und fuhr später mit dem Velo auf Stör. Sie erklärte uns Kindern, dass sie heute mit dem Velo zusammen keine Angst mehr habe. Sie wurde nach und nach eine sehr mutige Frau.

Niemand hätte an diese Kindheitsängste gedacht, wenn nicht sie selbst ihre eigenen Märchen auf der Stör aufgegriffen und uns unglaublich spannend erzählt hätte. Selbst ihre Schwester, unsere Mutter, hatte vorher nie über Tante Marie als überängstliches Kind erzählt. Keiner machte sich über solche Ängste lustig – vor allem nicht, wenn es mit Armen Seelen im Zusammenhang stand. Schliesslich hiess es: «Wer andere wegen Geistern auslacht, bekommt diese selbst zu spüren.»

Sogar der kühle Vater fügte jeweils hinzu: «Und dann – Gnade Gott! Es könnte leicht das Amen sein.»

Das Mätteli
und der Korber

Zum Faszinierendsten meiner Kindheit gehören Weiden und Sträucher an und entlang von kleinen Bächen, die es damals noch gab, und der geheimnisvolle Korber, der aus den Weidenruten wohlriechende und wundersame *Zaine* oder *Schinner* und Körbe fürs Znüni oder auch bloss zum Obstauflesen flocht. Über der Strasse besassen wir ein Mätteli, das als ein kleines Feld an einem Bächlein lag und die Grenze sowohl gegen Sidler als auch gegen Muff bildete. Warum das so war, wusste ich nicht. Es war jedoch schon damals verwirrend, und heute würden wir sagen unlogisch, dass das Mätteli zu unserem Hof gehörte. Vielleicht war es eine klare Abgrenzung gegenüber den Nachbarn Muff und Sidler. Vielleicht liebte man damals Hecken und Bäche, um klar abzugrenzen und vor allem voneinander etwas die Sicht zu nehmen – nicht einfach abstrakte Grenzen, sondern kleine Bäche als Grenzen.

Ich hatte als Schulbub gerade begonnen, asiatische und afrikanische Forschungs- und Entdeckungsgeschichten zu lesen. Dieser kleine Bach war für mich der Nil, bei dem man so lange suchen musste, wo er entspringt und man schliesslich herausfand, dass er von zwei Seiten herkam. Genau so geheimnisvoll war der Ursprung der kleinen Bäche am Mätteli auch für mich. In meiner kindlichen Phantasie mit Dimensionen, die für ein Kind Kleines viel grösser erscheinen lassen; ja, für mich war damals wirklich der Mätteli-Bach der mysteriöse Strom, der Weisse und der Blaue. Für mich ist dieses Bächlein bis heute unfassbar: ist es eins, beginnt es zu zweit, oder sind es gar drei, wie drei Würmchen oder jene Chromosomen, die wir später in der Schule kennen lernten?

Unser Mätteli war flach, im Gegensatz zur gesamten Umgebung umrandet mit den Weiden an den Bächen und auf der gegenüberliegenden Seite mit einer Eiche und einem grossen und alten Teilersbirnen-Baum. Auf Sidlers Seite bildete der ziemlich steile Abhang eine ideale Mastkälber-, Jungvieh- oder Gusti-Weide.

Mit Muffs Bach verhielt es sich anders. Er kam entlang der Scheune im rechten Winkel zum eigentlichen Mätteli Bach und war teilweise zugedeckt. War dieses trübe Wasser etwa gar Gülle oder war es ein Zufluss? Muffs Bach sprudelte ohne genaue Quelle durch die Gegend. Vielleicht entsprang dieses Wässerchen im Weiher auf der anderen Seite von Muffs Scheune gegen Ruswil hin. Damit man eine Strasse hatte bauen können, hatte man den Bach eingepackt und zu diesem geheimnisvollen Flüsschen gemacht, eines, das einfach hinter der Scheune hervorkam und die Grenze zu Sidlers und der Gustiweide bildete.

Kurz nach Kriegsende wurde durch Imfelds Land bis hinüber zum Wald eine Drainage durchgeführt. So verschwand der Weiher, aber vielleicht blieb ein Faden eines Flusses hin zu Muffs Scheune, unten durch und auf die andere Seite. Geheimnisvoll, genauso wie Wasseradern für *Wasserschmecker*. Vielleicht sogar Kreuzadern, bei denen sich zwei Wasseradern kreuzen?

Später wäre wohl die Deutung leichter gewesen; die Kindheit jedoch birgt soviel Geheimnisvolles, und es sind da nicht einfach ein Bach, dem das Wasser abgegraben wird, und ein Abwassersystem mit einer undichten, durchlässigen Jauchegrube.

In meiner frühen Jugend erschien mir das mit ein Bisschen Wildnis umrandete Mätteli mysteriös – wie der Kongo, wo man ebenfalls lange nach dem Ursprungsort dieses wilden Flusses forschte. Ich hatte daher eine Chance wie Stanley.

Am Bach an der Sidler-Grenze des Mätteli standen verschieden grosse, ältere und jüngere Weidenbäume, die für mich genauso wichtig wie das Bachsystem waren. Und alles glich in jener Zeit für mich einem riesigen afrikanischen Urwaldflusssystem.

Das Flüsschen mit den Weiden kontrastierte auf der anderen Seite mit einem der schönsten Theilersbirnen-Bäume weit und breit; er war immer etwas moosig auf der einen Seite des Stamms. Unten im Eck stand mächtig und einsam eine Eiche.

Das Mätteli mit dem geheimnisvollen Bachgeflecht und vielen verschiedenen Weiden war ein Ort aus der Zeit der Erfindung der Welt, der beim Verteilen in nichts hinein passte.

Selbst Sidlers *Gusti* liebten den Bach. Wenn sie jeweils genug gefressen hatten, stiegen sie nicht hoch zum Gatter, das zurück in die Scheune führte, nein, sie kamen zum Bach hinunter und warteten wiederkäuend, bis sie vom Melker hochgetrieben wurden.

Wenn sie Zeit für einen Schwatz hatten, trafen sich Vater Imfeld und der alte Sidler im Knie des Baches. Ich traue mich kaum es zu sagen: für mich war es die Begegnung von Livingstone und Stanley.

Aber nicht nur das. Zum Bachknie kamen Sidlers, um Vater Imfeld ans Telefon zu rufen. Es gab damals nur ein Telefon in der Gegend – das bei Sidlers – und dort hing es erst noch an einer Wand im Hinterzimmer. Statt die Strasse herunter, riefen Sidlers vom Knie des Baches aus: «Imfeld, Imfeld» und «Telefon, Telefon». Vater Imfeld eilte manchmal direkt vom Melken weg; wir Buben molken weiter. Vater keuchte dann in vollem Stallgeruch ins parfümierte Hinterzimmer von Sidlers.

Auch der alte Muff kam manchmal aus der Scheune, um zu schauen, ob man mit Imfeld über Viehpreise und Marktaussichten von Schweinen plaudern könnte.

Mir fiel auf, dass es zwischen Muffs und Sidlers ganz verschiedene Gesprächsstoffe gab. Die Plaudereien mit dem alten Sidler waren jovial und foppig. Mit dem alten Muff benutzte Vater eine andere Sprache: abgewogen, ernst, philosophisch oder räsonierend. Für mich trafen sich hier neue Kontinente und andere Kulturen.

Mutter oder wir Kinder hätten nie gewagt, im Mätteli am Bach mit Muffs oder Sidlers zu plaudern. Dazu gingen wir hinüber ins Haus und benutzten die Strasse, die gleichzeitig Teil unseres Schul- und Kirchenweges war.

Das Muff-Bächlein war moosig und schlammig. War es gar kein Bach, sondern nur ein Moosbett? Ein unerlaubter Ablauf gar? Es war grünlich, und ab und zu roch es stark nach Gülle. Es muss das andere, das von mir so geliebte Bächlein verschmutzt haben. Ich wollte wissen, warum es darin keine Fische gab. Vater meinte knapp und klar: «Das ist kein Bach!» Aber was war dieses Rinnsal denn? Es gab keine Fische darin, dafür ein paar Frösche oder höchstens Kaulquappen im Schutz der Weiden.

Für den Bub gehörten die Weiden auf beiden Seiten des Bachs zu afrikanischen Farmen. Die Weidenstöcke waren interessant und packend wie Baobabs. Fünf solcher Weidenbäume gehörten uns. Zwei weitere blieben Gestrüpp und entwickelten sich schlecht. Sie waren eher ein Ansatz zu einer Hecke, aber richtige Weiden waren sie noch lange nicht.

Auf Sidlers Seite gab es nur eine Weide in voller Würde: bei der Bachkurve nach Muffs Scheune. Es war beim Weidenstock, wo mein Vater, Sidler oder Muff sich trafen. Er muss, ohne dass die Männer es merkten, viele Worte und Klagen mitbekommen haben, die ihn vielleicht etwas traurig wachsen liessen.

Ein anderer richtiger Weidenstock wuchs vor einer Kurve, im Schatten der Eiche auf Sidlers Seite, unten am Mätteli. Diese Weiden waren nicht nur bräunlich wie die der andern, es gab rötliche, strahlend gelbe, ja, einmal gab es gar ein paar bläuliche.

Die Weiden wurden regelmässig geschnitten, die Ruten gebündelt und dann über der Tenne zum Trocknen, Ausruhen oder Einschlafen gelegt.

Einmal im Jahr, im Winter, kam der Korbmacher. Unser Korber war blind. Doch wie konnte er mit diesen Weiden umgehen – für mich unglaublich. Ich schaute ihm gerne einen halben Tag zu. Ich hatte Vater dahin bedrängt, dass er den Korber nur kommen liess, wenn ich schulfrei hatte.

Der Korber legte die Weiden in Wasser ein; die einen in den Brunnen mit kaltem Wasser; für einige Ruten wollte er warmes Wasser. Er ertastete ein paar starke Ruten und benutzte sie zum Hochstellen, um die herum wurden dann andere, geschmeidigere gewunden. Einige Ruten schälte er, andere ritzte er nur. Bei der Arbeit sprach er nie. Er erklärte nichts. Zu Beginn eines Korbertages sagte er jeweils entschieden, aber nicht etwa böse: «Zuschauen kannst, aber schweig!» Und so glaubte ich: er muss mit den Weiden allein sein, um mit ihnen still und innerlich zu sprechen, um sie zu bitten und vielleicht gar zu bannen, dass sie sich so winden und biegen lassen, wie er sie für seine Vorstellung haben will.

Er machte Körbe zum Auflesen von Obst und Kartoffeln. Das war damals das Gewöhnlichste der Welt, und diese Körbe waren am leichtesten zu flechten. Dazu kamen *Schinner* (Zainen genannt, wenn mehr für Wäsche gebraucht; damals kamen *Schinner* noch oft anstelle von Harassen zur Anwendung) für Birnen und Äpfel. Erst richtig ein Kunstwerk bildeten die viel Arbeit benötigenden Znüni- oder Zobigkörbe; in denen trug man die Zwischenmahlzeiten im Heuet, Emdet, bei der Korn- und Kartoffelernte aufs Feld.

Zu den Obstkörben kamen je nach Bedarf die ovalen Waschkörbe, die statt eines Henkels zwei Griffe hatten und um einiges voluminöser waren. Das waren die *Zainen* für die Wäsche.

Das Schönste, das unser Korber jemals flocht, war ein Babykorb: in dem konnten wir im Sommer das Kleinkind mit aufs Feld tragen. Dieser Babykorb gefiel vor allem Mutter und meinen Schwestern.

Für mich einmalig – heute noch spüre ich sie an meinem Rücken – war eine *Hutte*, ein Rückentragkorb. Wäre die *Hutte* doch nur mit mir gewachsen! Ich werde tatsächlich traurig, dass sie nicht Teil meines Lebens geworden ist. Nostalgie? Dummes Zeug!

Ich habe den Eindruck bewahrt, dass unser Korber ein Künstler war und sehr einsam sein musste. Nur so gelang es ihm, die Weiden nach seiner Art zu biegen, so dass seine Kunstwerke aus ihnen entstanden und keine Rute dabei kaputt ging. Die Weiden mussten mit drei verschiedenen Messern geritzt werden. Ein paar mussten wie Flachs geschlagen werden. Das alles geschah mit Liebe und viel Sympathie. Ob der Korber gar ein Magier war? Hätte ich nicht in der Schule von einem nicht blinden Korbflechter gehört, wäre ich überzeugt gewesen, dass ein Korber blind sein müsste, und dass seine Körbe und Geflechte in einer anderen Welt bereits vorgeformt wären und er sie von dort nur abkopieren müsste. Hatte ich nicht in einem Afrikabuch gelesen, dass in Afrika bestimmte Berufe nur von Blinden ausgeführt werden durften? Warum denn nicht auch bei uns?

Immer gab es ein paar Stengel – so nannte der Korber unbeugsame Weiden oder solche Ruten, die nicht zu den Weiden gehörten. Sie hatten sich eingeschlichen. Mit diesen Eindringlingen oder von ihm als «verwegene Schleicher» still verflucht, konnte der Korber sehr böse sein. Es waren die einzigen Male, wo er hörbar etwas sagte oder brummte; dann packte er diese Blindgänger und warf sie voller Verachtung weit von sich.

Ich habe es nicht vergessen: Unser Korber brauchte stets eine Literflasche mit altem Most. Nein, er war kein Trinker, und auf einen ganzen Tag verteilt, war das auch nicht so tragisch. Er deutete an, dass Most und Weiden einen inneren Zusammenhang hätten. Einmal beobachtete ich ihn, wie er etwas Most ins Wasser goss, bevor er den Boden eines Znünikorbs zu flechten begann.

Woher aber kam der Korber? Darüber wurde nie geredet. Ich muss ehrlich sagen, ich weiss es erst, seit ich diese Geschichte zu schreiben begann. Er war Insasse einer Anstalt, wo er noch einsamer als bei seinen Weiden war. Wenn es nichts zu flechten gab, suchte er bei Bekannten ab und zu ein *Kafi Schnaps*. Einmal machte er die Bemerkung: «Uns Korber gibt es solange es Most und Körbe gibt.»

Unser Mätteli verschwand. Es wurde gegen Land an der Ruswilerstrasse umgetauscht. Nach und nach verschwanden auch die Weiden, und die Korber starben aus. Das Bächlein wurde in Röhren gelegt. Aus dem Mätteli wurde eine kleine Tiefstammplantage von Äpfeln.

Imfelds zogen weg. Der Korber soll noch während des Zügelns gestorben sein. Ein junger Autorowdy hatte ihn überfahren.

Der Chäufmali

Es gab Besucher, die wir Kinder liebten. Wir liebten diese Besucher, weil sie Geschichten erzählen konnten. Uns störte es nicht, wenn Erwachsene sagten: «Der übertreibt oder lügt.» Wir Kinder verstanden, dass eine Geschichte eine Geschichte ist. Warum muss sie mit der Wirklichkeit übereinstimmen? Schliesslich passte bei unseren Erwachsenen niemals alles zusammen.

Einen der Geschichtenerzähler liebten wir leidenschaftlich, denn schon sein Lebenslauf war eine spannende Geschichte voller Gefahren. Es war der mütterlicherseits irgendwie verwandte Kaufmann, den alle bloss *Chäufmali* nannten. Wir Kinder kannten seinen Vornamen nie.

Chäufmali kam etwa zweimal im Jahr bei uns vorbei. Ihm ging es dabei um ein *Kafi*, das damals automatisch ein Männertrunk mit Schnaps war. Warum er es nötig hatte, bei Bauern oder bei uns auf Kafi-Jagd zu gehen, verstand niemand. Er hatte eine Stelle bei der Bahn, und alle, die bei der SBB arbeiteten, hatten nach unserem Glauben eine sichere Stelle und somit regelmässig ihren Lohn. So einer hätte sich den *Kafi Schnaps* auch im Restaurant bestellen können.

Chäufmali betrat unsere Küche wie heute Menschen nach Marokko in die Ferien fahren. Für Mutter hiess das: sofort Kafi machen. Für uns Kinder war es schieres Glück, denn beim Kafitrinken erzählte er von seiner *gruseligen* Nachtarbeit.

Chäufmali lief Nacht für Nacht die SBB Geleise zwischen Sursee und Olten ab, um mit einem Instrument, das wie ein kleiner *Pickel* aussah, die Weichen zu prüfen: Eine Nacht von Sursee nach Olten, die nächste Nacht zurück von Olten nach Sursee. In der Hand diesen verlängerten Hammer oder Pickel, bei jeder Weiche ein Schlag; das ging wie von selbst. Er hatte es im Laufe der vielen Jahre im Gehör: er musste auf den Klang achten und reagieren.

Die Bahn fuhr durch das damals noch nicht trocken gelegte Wauwiler Moor. Dort gab es im Herbst und Frühjahr viel Bodennebel, in dem man sich leicht verhören konnte. Nach Chäufmalis Erfahrung waren es verschiedene Geister und Feen, gute und böse, vor allem aber viele, die gern einfach etwas necken wollten. Andere wollten ihn mit schönen Nachtliedern von seiner Arbeit ablenken. In diesem riesigen Reich der Feen und Geister wollten alle etwas von ihm: von den Armen Seelen bis zu den Liebesfeen. Chäufmali konnte uns Kindern diese Geisterwelt so lebendig darstellen, dass wir nahe an die Grenze des Schreckens gerieten.

Einmal, erzählte er, sei vor seinen Augen das Bahngeleise einfach umgedreht und gegen Himmel gerichtet worden. Was sollte er da mit seinem Weichenpickel tun? Er wusste, dass der erste Morgenzug exakt um 6.14 Uhr hier vorbeifahren würde. Gäbe es nun ein Zugsunglück? «Nein, nein», rief ein Geist von hoch oben. «Der Zug fährt direkt in den Himmel. Ist doch toll, oder?» Und er lachte. Dieses Lachen entfernte sich in Richtung Himmel.

«Und was geschah dann? Kam es zum Unglück?» fragten wir in grosser Spannung.

«Nein, der Zug kam, und plötzlich hat sich das Geleise wieder sanft hingelegt. Der Lokführer hat in Sursee berichtet, dass er bei Reiden vor lauter Magnetismus fast verbrannt worden sei. – Ja, sie kennen mich, ja sie lieben mich. Die Feen und die Armen Seelen sind sehr einsam. Wie wir Menschen einen Freund brauchen, so brauchen sie uns Menschen.»

Er nahm einen grossen Schluck und setzte tief an: «Einmal kam die Königin des Wauwilermooses zurück. Ihr wisst, dass vor vielen Jahren ein Schloss mit einer einsamen Königin in einer Nacht bei Donner und Blitz im Moor verschwand. Dort ruht und wartet sie. Noch hat keiner das Geheimnis gelüftet, wie sie herausgeholt werden könnte. Beten nützt bei ihr nichts. Sie lebt auf einer anderen Ebene; dort wird nicht gebetet. Aber bis heute kennt keiner auf Erden die Sprache, die solche Geister zu erlösen vermag.»

Chäufmali konnte vom Erzählen unversehens ins Dichten von Balladen übergehen. Ich habe später versucht, eine Moos-Ballade nachzudichten:

Wauwil besass einst einen schönen See
bis eines Nachts die Blitze miteinander kämpften
einer schoss den andern ab
furchtbare Donnerschläge
die Angst der Menschen dem Tode nahe
bis es einen Urknall gab
unbeschreiblich laut und hart

am anderen Tage war der See verschwunden
fort und weg das Schloss darauf
nur verrusstes Moos und Brandgeruch
seither
verschwunden Schloss und See
mit der Königin vom Hinterland
in der Tief
im Moos
die Lust der Traum

Die einen sagten
dass Gott es zugelassen
den furibunden Mächten hätte er
nach gar viel Schmeicheleien zugestanden
«Wenn ihr es schafft
dann könnt ihr sie haben
die Fee – das Schloss – den See»

Und es geschah
Selbst Gott kann sich verrechnen
wenn
es um Napfgewitter geht

Mutter kam mit dem dritten Kafi und sagte: «Jetzt reicht es, bis zum nächsten Mal. Erschreck mir meine Kinder nicht zu sehr.» Und er antwortete schmeichelnd: «Nein, nein *Fränzeli*. Aber auch deine Kinder müssen einmal durchs Moor hindurch. Viele gehen darin unter. Deshalb haben wir soviele Geister im Wauwiler Moos.»

Immer wieder brachte er neue Geschichten. Er sprach aus seinem Schatz des Erlebten und wiederholte nichts. Chäufmali war einmalig. Nicht einmal unsere Grossmutter vermochte ihn zu schlagen. Ihr hörten wir natürlich auch sehr gerne zu, aber mit der Zeit kannten wir alle ihre Geschichten. Chäufmali kam jedes Jahr mit neuen.

Er lief seine Strecke ab, Chäufmali der Streckenläufer: Sursee-Olten-Sursee durch geheimnisvolles Moor und Moos. Das war in den dreissiger Jahren, während des Weltkriegs und danach. Als die Moderne auch zur SBB kam, verlor er diesen Job. Dies verursachte ihm keine Angst, denn er wusste, dass er bis zum Lebensende bei der Bahn etwas zu tun haben würde. «Die SBB ist eine Mutter: sie verlässt ihre Kinder nie, wenn du einmal in sie hinein geboren wurdest,» sagte er mit viel Liebe und Sympathie.

Die SBB versetzte ihn nach Basel in den Güterbahnhof. Dort musste er Wagen reinigen, in denen Rinder, Kühe und Kälber befördert worden waren. Der Kuhdreck störte ihn nicht. Im Gegenteil. Er erklärte uns Kindern stolz: «Ich komme auf den Bauernhof von Wauwil, von wo ich stamme, zurück. Verachtet mir ja den Kuhdreck nicht.»

Seine Kafi-Touren machte er weiter. Je älter er wurde, desto öfter kam er auf – wie wir es nannten – die Kafi-Walz.

Ich vergass Chäufmali nie. Ob in den USA oder Japan, in Rhodesien oder Nigeria – immer dachte ich an Chäufmali. Er arbeitete, bis er siebzig wurde. Seine Bescheidenheit und Treue hat allen tiefen Eindruck gemacht.

Als die SBB ihn schliesslich entliess, ging er entlang der alten Bahnstrecke von einem Bauernhof zum anderen. Die Verwandten besuchte er regelmässig. Bei allen wollte er bloss ein Kafi Schnaps. Er kam immer mit ein paar Kuh- und Kälber-Halftern oder Stricken, an denen das transportierte Vieh in die Transportwagen gezogen wurde. Alle hat er eingesammelt und gewaschen. Die ganze bäuerliche Verwandtschaft hat er mit *Hälslige* (das Wort kommt vom Hals, um den der Strick gebunden worden war) versorgt. Er kam und bot für ein Kafi einen *Hälslig* an. Mit der Zeit erzählte er bereits einer neuen Generation von Kindern spannende Geschichten aus der Eisenbahnerzeit.

Wir hatten angenommen, dass er arm geblieben sei. Die Überraschung kam mit seinem einsamen Tod. Alle vier Schubladen in seinem kargen Zimmer in Basel waren mit Geldnoten vollgestopft. Das waren zwar keine Millionen, aber ihm hätte es ein Bisschen Luxus geben können. Doch genau das wollte er nicht, denn «Geld verdirbt die Moral», war ein Lieblingsspruch von Chäufmali. Einmal sagte er unserer Mutter – und wie wahr war das für ihn: «*Fränzeli*, ein Kafi bei dir ist stets ein Stück Himmel.»

Unser Feldmauser

Als ich noch sehr klein war, glaubte ich, die Mäuse lebten im Wasser. Nur wenn es im Bachbett zuviel Wasser gäbe und sie für sich zu wenig Platz hätten, würden sie entlang des Ufers ihre Erdhaufen von unten hochstossen. Sie brauchten dann, war mein Glaube, Seitengänge zum Bachwasser. Meine Ansicht fusste auf Beobachtungen, weil Mäusehaufen immer zuerst entlang der Bäche «wuchsen».

Daran wurde ich während einer Bahnreise erinnert, als ich von Sigmaringen entlang eines Flüsschens nach Singen und dann nach Zürich fuhr und den Eindruck hatte, auf dem deutschen Gelände durch eine ununterbrochene Wildnis von Mäusehaufen zu fahren. Nach meiner Erinnerung mussten es Kleinberge von Maulwürfen sein. Die halten sich – so lehrte uns der Mauser einst – hauptsächlich an Waldrändern und bewaldeten oder gebüschreichen Bach- und Flussläufen auf. Später auf der Strecke sah ich kleine Haufen, die von den Feldmäusen stammen mussten. So grausam verwüstete Wiesen wie in dieser Gegend im Herbst 1997 hatte ich lange nicht mehr gesehen. Unser Feldmauser von einst hätte gesagt: «Sie sind wieder zum Rapport angetreten und haben ihre Militärhelme in die Wiese der Bauern gelegt und fordern zum Zählen auf.» Auf dieser herbstlichen Heimfahrt kam meine Jugend mit all den Geschichten rund um unseren Mauser in die Erinnerung zurück.

Ein zweiter Irrglaube hat in mir überlebt. Maulwürfe sind nicht einfach unterirdische Insektenfresser, die Erdhügel aufwerfen. Es sind Mäuse, und falls es andere Mäuse gibt, kommen diese an erster Stelle. Fängt die Katze auf der Wiese Maulwürfe oder Mäuse?

In meiner Jugend spielten Mäuse, Katzen und dieser Mauser vom Dorf eine zentrale Rolle. Dass die kleinen Mäuse unterirdische Gänge schaffen konnten, und dies erst noch in kurzer Zeit und sehr ordentlich, war für uns Kinder sehr erstaunlich. Maulwürfe konnten mehr als Menschen, und dafür bewunderten wir sie.

Gewisse Gemeinden besassen ihren Mauser. Das war nun kein Ehrenposten, und meist war der Mauser sehr arm. Es sah aus, als wollte man ihn mit ein paar gefangenen Mäusen über Wasser halten – und oft war er in mehr als einer Gemeinde tätig. Wenn es ums Auszahlen seiner Arbeit ging, musste er genau belegen, bei wem und wo er wieviel gemausert hatte. Die Gemeinden zahlten ihren Mauser gegen Vorweisen der Mauseschwänze – während des Krieges waren es 3 Rappen, später 5, aber bestimmt nicht 20, wie heutige Forscher schreiben. Die Bauern konnten einerseits sehr froh sein, dass es den Mauser gab, nicht nur wenn eine Mäuseplage über ihre Felder kam, anderseits reute sie jeder Rappen, und die Gemeinden erst recht. Diese dumme Sparmanie ist allerdings uralt.

Das Leben eines Mausers war nicht leicht, und Prestige enthielt es gar keins. Obwohl die Bauern den Mauser dringend brauchten, wurde er als Aussenseiter abgetan – und das nicht nur im Luzerner Hinterland. Hätte man ihn geschätzt und einigermassen anständig bezahlt, hätte er seine Mäuse vergessen, argumentierten die Leute. Eine merkwürdige Ansicht der Bauern, die meinten, nur Armut binde ihn an seine Pflicht.

Unser Mauser Erni war ein Unikum – wie wohl alle anderen Mauser auch, denn das gehörte wahrscheinlich zu diesem Sonderberuf. Wir Kinder liebten unseren Mauser, denn er erzählte tolle Geschichten. Es war die Zeit, als Natur belassen und geschont wurde, und doch gab es Mäuseplagen mit den dazugehörigen natürlichen Feinden: Füchse, Mäusebussarde, Wiesel und ja nicht zu vergessen: Katzen. Von all diesen Tieren gab es damals genug. Zum natürlichen Feind der Mäuse gehörte auch ein Mensch: der Feldmauser. Er griff immer dann ein, wenn die Mäuse ausser Rand und Band gerieten und begannen, das Land zu verwüsten.

Der Mauser musste, um Erfolg zu haben, eine tief innere Beziehung zu Mäusen pflegen. Wir nahmen an, dass er mit ihnen redete und sie bezirzte; gleichzeitig war er ihr Sprecher für die Menschen. So tönte es auch, wenn er uns sagte:

«Die Mäuse sagten mir, sie hätten Lust zu einem Angriff auf geizige Bauern.» Oder:

«Die Mäuse liessen mich wissen, dass einige Bauern übermütig geworden sind.»

Erni erzählte, dass er lange, lange Zeit gebraucht, bis er die Sprache der Mäuse gelernt und verstanden habe. Sie hiessen nicht nur Spitzmäuse, sie seien wirklich Spitzbuben, genauso wie der Alois, der Werner und der Sepp. Als ich noch immer an ihren Wohnort im Wasser glaubte, fragte ich, wann genau sie an Land kämen. Hat der Mauser da gelacht und Mutter zugerufen: «Nun brauch ich wirklich noch ein Kafi mit gar viel Schnaps!» Mutter kam mit der Kanne in der einen und dem Schnaps in der anderen Hand und goss ihm ein zweites nach. «Jetzt weiss ich», sagte er scherzend, «warum ein Mauser soviel Kafi braucht.» Er bedeutete der Mutter sich hinzusetzen. »Hast du deinen Sohn nicht aufgeklärt? Woher hat er diese verrückte Idee, Mäuse lebten im Bach und kämen nur an Land, wenn zuviel Wasser im Bach ist? Du hättest ihn aufklären müssen und auch, dass sich Mäuse schrecklich schnell vermehren und möglicherweise wahnsinnig werden. Dass es Jahre gibt, wo sie zu Hunderttausenden auf die Bauern losgehen, und dass sie dann fast die Hälfte der Menschennahrung auffressen. Das geht im Krieg, in dem wir mitten drin sind, auf keinen Fall. Wie den Soldaten, braucht es den Mauser. Oder etwa nicht, Mutter?» Sie nickte und ging wieder an den Kochherd, während sich der Mauser an sein verdientes z'Fünfi machte. «Sei nicht geizig mit dem Mauser», hiess es, warum, das wissen wir. Es gab noch eine andere Redeweise: «Ein

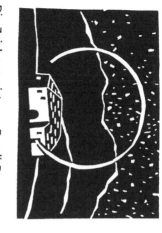

Die Zeichnung ist von Ruedi Baumann zu
Georges Haldas ‹Das Haus in Calabrien›

Bitte informieren Sie auch

———————————
———————————
———————————

Verlag Im Waldgut
Eisenwerk
Industriestraße 21
CH-8500 Frauenfeld

Liebe Leserin, lieber Leser
Möchten Sie über unsere Verlagsarbeit informiert werden? Wenn ja, über

- [ ] alles
- [ ] Literatur, Reihe Bärenhüter
- [ ] Moderne Lyrik
- [ ] Belletristik
- [ ] Bodoni POESIE Blätter
- [ ] Bodoni Drucke
- [ ] *Bodoni Club*
- [ ] Sachbuch; Waldgut, *logo.*

Welchem Buch haben Sie die Karte entnommen?
_____

Möchten Sie sich darüber äußern?
_____
_____
_____

Name _____

Straße _____

Ort _____

z'Fünfi für den Mauser soll euch nicht reuen.» Die meisten Bauern kümmerte dies nicht, und sie benahmen sich dem Mauser gegenüber sehr geizig.

Als Mutter die Küche verliess, erklärte er uns Kindern die rasche Vermehrung. «Ich sag euch, das wären Rechnungsaufgaben! Wenn eine Feldmaus, die von den Landwirten so gefürchtet wird, geboren wird, dauert es acht bis zehn Tage, bis sie ihre Augen öffnen kann – und schon gehen alle zum Zeugen aufeinander los. Schon im Alter von fünf Wochen wirft eine Feldmaus erstmals bis zu zwölf Junge, und von jedem Jungen geht ein neuer Fortpflanzungszweig aus. Nach 21 Tagen wirft die alte Maus wieder. Und das auch im Winter, falls die Mäuse nicht erfrieren. Wer kann diese Kettenrechnung lösen? Zwölf Junge, von denen jedes nach 21 Tagen, ich sag euch, jedes wieder bis zu 12 junge Mäuschen werfen kann. Und 21 Tage und weitere 12 Junge, 21 und 12, 12 und 21 und so weiter – unvorstellbar! Eine solch vertrackte Rechnung kann nicht einmal ich lösen. Aber eines sag ich euch, da braucht es neben Katz und Fuchs und Bussard auch den Feldmauser!»

Eigentlich hatte unsere Katze genug Arbeit, um die Mäuse im Haus zu fangen. Dennoch ging sie ein bis zweimal am Tag aufs Feld und sass dort auf der Weide und wartete. Stolz legte sie jeweils die gefangene Maus bei uns vor die Türe. Auch wir Kinder versuchten, vor einem Mäusehaufen zu sitzen und zu warten, um eine Maus zu fangen. Es gelang uns nie. Welches Geheimnis besassen wohl die Katzen?

Da es nicht nur um Maulwürfe ging, kam er mit einer Hand voll Haselruten und einem Sack voll Fallen daher. Er konnte nicht bloss auf Maulwurfhaufen achten; falls es die gab, war ein Fangen eh zu spät, dann waren die Maulwürfe längst woanders; ein guter Mauser jagt nicht hinterher. Er besass seine Schlagfallen; deren Boden bestand aus Holz, der Rest aus Metall und der berühmten Spannung. Er sagte, wenn er in den

Jutesack schaute: «Diese Fallen dürfen für mich nicht neu sein. Auf neue Fallen gehen sie nicht ein.»

«Aber riechen die Mäuse nicht an den alten Fallen, welches Schicksal auf sie zukommt? Können sie den Tod nicht riechen?»

«Wohl nicht», begann er zu philosophieren. «Die Mäuse spielen mit ihrem Tod ein Spiel. Sie wissen, dass dieser so rasch wie die Geburt kommt. Wenn ich den Mäusen zuhöre – ich habe noch nie eine Klage über den Tod gehört. Sie jammern sogar selber, wenn sie viel zu viele werden. Irgendwie lieben sie mich. Vor allem, wenn ich Fang und Tod nicht verächtlich ausführe. Sie hassen nur den perfiden Tod mit Gift und Gülle. Gegen das Gefangenwerden haben sie nichts, solange es ehrenvoll geschieht, von einem Mann, der sein Handwerk vom Vater überkam und dieser wiederum von seinem Vater.»

Unser Feldmauser Erni fing in der dritten Generation. «Mäusefangen ist kein gewöhnlicher Beruf. Du vertrittst die Menschheit. Nur einer maust aus einer Generation, sonst gibt es zu viele. Es muss einer sein, der die Weisheit mitbekommt und dann selbst Erfahrungen sammelt. Ich rieche die Mäuse, und ich kann nach kurzer Besichtigung genau sagen, wie die neuen Gänge verlaufen und wo eine Falle hinein muss. Ich habe es soweit gebracht, dass auf hundert gelegte Fallen höchstens zwei Nieten sind. Ja, ein guter Mauser muss beobachten und riechen.»

Mein Bruder Sepp war als Bub von dieser Kunst derart fasziniert, dass er mit dem Mauser zog und tagelang einfach zuschaute. Da er nichts sagte und somit keinen Laut von sich gab, liess ihn unser Mauser gewähren. Und immer am Schluss des Fallenlegens sagte er: «Das ist gut. Aber glaubst du, dass du es einmal schaffst. Denk daran, das ist ein sehr einsames Leben.» Sepp soll nie etwas gesagt haben. Da der Mauser keine Kinder hatte, nahm er ihn an, wie ein eigenes, und plötzlich erwachte in ihm die Gewissheit, dass dieser Sepp geschickt genug würde, um sein Nachfolger zu werden. Er lächelte zufrieden und erfüllt. «Es gibt in allem auf dieser Welt eine Ordnung. Gott will, dass der Mauser fortlebt. Dieser Sepp ist mein Zeichen.»

Doch da gab es einige scheinbar kluge Bauern, die sich ihres Mausers nicht nur schämten, sondern ihn sogar seiner Mäuseschwänze wegen betrogen. Es waren dieselben, die böswillig meckerten: «Zuerst bringt er die Schwänze, dann die Mäuse», als ob er eine solche Möglichkeit gehabt hätte. Aber es hiess, im Kanton Zug wollten die Gemeinden die Mäuse und nicht die Schwänze sehen. Als ob unser Mauser damals so schnell und huschhusch in den Kanton Zug gekommen wäre.

Menschen trauen ihresgleichen nicht. Sie brauchen den Ersatz, die Maschine. Was sie dem Knecht oder Arbeiter niemals tun, nämlich warten, schmieren und ölen, das machen sie selbstverständlich mit ihren Maschinen. Die Bauern gönnten dem Mauser die paar Mausbatzen nicht. Lieber steckten sie das Geld in die Moderne. So begannen sie auf die Herren Vertreter von chemischen Betrieben zu hören, die ihnen ein Gift versprachen, nach dem keiner mehr auf einen Mauser angewiesen sei. Bauern versuchten, Mäuse mit ihrer chemisch durchsetzten Gülle zu ersäufen. Später blies man das Gift mit dem Vergasungsapparat direkt in die Mäusegänge hinein.

Mauser Erni konnte das nicht begreifen. Er erhielt keinen Nachfolger. Es brauchte keinen Menschen mehr, sagten die Bauern stolz. Er jedoch war sehr traurig; nicht weil er seine Arbeit verloren hatte, schliesslich war er längst über 70 Jahre. Immer wiederholte er in seinem Alter: «Die Menschen vergiften nicht nur die Mäuse, sondern sich selbst.»

«Dummes Zeug!» sagten die Bauern der Moderne, die so gierig auf den Fortschritt waren.

«Und was kostet das?» Auf seine Frage ging keiner ein. Hinterrücks hiess es:

«Er ist verbohrt», oder «er hat den Wandel zum Fortschritt nicht ertragen.»

Er kannte seine Bauern; er hat über sie und ihren Geiz oftmals gespottet. Als dann aber Naturschützer kamen und erzählten, Mäusefangen sei inhuman, gegen die Natur und eine Verletzung der Rechte des Tieres, da soll er das erste Mal im Leben geweint haben. «Warum können diese Rechtler nicht sehen, dass in die Reihe der Bussarde und Füchse auch die Mauser gehören.» Er fühlte sich nun noch mehr als bisher verachtet, und jetzt zusätzlich des Mordes angeklagt. Sepp versuchte ihn zu trösten:

«Das sind halt Städter», sagte er.

Erni fragte zurück: «Sind das die, welche Katzen halten, die keine Mäuse mehr fangen?»

Als er, von Gebrechen gezeichnet, kurz vor dem Tode stand, hatten wir im Hinterland ein Mäusejahr der schlimmsten Art. Die Bauern mehrerer Gegenden im Luzernischen und Bernischen zählten Millionenschäden an Land und Ernte, an Gras und Heu, aber auch an Kartoffeln und Weizen.

Unser greiser Feldmauser bekam diese Katastrophe noch mit. Bruder Sepp begann zu mausen. Erni war so glücklich über ihn: nun wusste er, dass sein Leben nicht unsinnig gewesen war. In der Not griffen sie also doch wieder auf Menschen zurück.

Meines Wissens war es das letzte Mal.

Einen Wunsch hatte Erni stets gehabt: Er wollte, dass auf seinem Grabstein als Beruf *Mauser* stehe. Dazu kam es jedoch nicht; die neue Friedhofsordnung verfügte, dass es auf Grabsteinen keine Berufsbezeichnungen mehr zu geben hat.

Berge führen nicht zum Himmel sondern in die Tiefe

Bergsteigen galt noch in meiner Jugend zur Zeit des Weltkrieges nicht als etwas Einheimisches. Das taten Ausländer, vor allem Engländer. Wir liessen die Berge in Ruhe.

Mein Vater war noch zu Beginn der Dreissigerjahre ein Älpler. Er sömmerte Obwaldner Vieh auf den Höhen zwischen Melchsee-Frutt und Engelberg, doch es wäre ihm nie eingefallen, wie er im Alter beteuerte, auf fremde Gipfel zu steigen. Man sollte doch nicht die Geister – welche Namen sie auch immer trugen, und wir hatten viele Namen für sie – belästigen und sich nicht in ihre Dinge einmischen, sagte er. Wer solches tat, hätte Gott herausgefordert, und es wären Blitz und Donner auf die Erde gefahren – als Warnung, oder als Strafe für eine frevelhafte Herausforderung.

Das Bergwandern begann nach dem Krieg; es kam immer mehr auf und hat die Haltung der Menschen den Bergen gegenüber verändert. Ich weiss noch: Als ich während der Gymnasiumszeit zum ersten Mal auf den Gipfel der Rigi kam, war mir nicht wohl, auch wenn es ein prachtvoller Tag mit einer phantastischen Weitsicht war. Meine Mutter erinnerte mich später schmunzelnd an die Karte, die ich nach Hause geschrieben und die sie aufbewahrt hatte: «Ich war auf der Rigi und mir wurde schwindelig, als ich ins Flachland hinausschaute. Ich bin für den Weitblick ungeübt.»

Viel später hatte ich ein schmachvolles Erlebnis, von dem ein Bergsteiger nicht gern erzählt: dass ich den Gipfel des Kilimandscharo, der zwischen Kenya und Tanzania liegt, nicht erreicht habe. Ich war – wie das üblich und Vorschrift ist – mit einem lokalen Führer unterwegs, unterhalb des Gipfels, ich konnte ihn sehen, im Inneren war er da. Doch mir wurde elend, ich konnte nicht mehr. Ich wollte zwar, dann brach der Wille zusammen, und es war mir absolut egal, ob ich auf den Gipfel käme oder nicht. Zudem rief der afrikanische Bergführer harsch: «Zurück!» Beim Niedersteigen war ich sehr traurig. Den höchsten Gipfel Afrikas, den Kili, diese einsame Macht zwischen Steppe und Himmel, stets mit etwas Schnee auf der Kuppe, genau dort, wo es in eine andere Welt hinübergeht; diesen Kili habe ich nicht erreicht.

Heute jedoch bin ich dem Bergführer dankbar, der mich auf eigenartige Weise tröstete: «Meistens sind es die sensiblen Menschen, welche die letzten 100 Meter nicht schaffen.»

Ich entstamme einer Tradition, in der nicht die Bergspitze, sondern der Bergabhang wichtig war. Der Napf besitzt keine Spitze; er ist eine Kuppe. An ihm finden sich die meisten *Tobel* und *Chrachen* auf kleiner Fläche – das sei Weltrekord, hörte ich am japanischen Fernsehen. Der Napf ist ein Gewirr von Kleintälern und Schluchten, Gräben und Riefen, Klusen und Abgründen, zerklüftet und zerrissen – und über dem Ganzen eine Kuppel, keine markante Spitze; die meisten wussten gar nicht, wo der Napf eigentlich sei. Zu meiner Jugendzeit musste niemand auf den Berg hinauf. Wir fristeten unser karges Leben an den Abhängen und in den Jammertälchen eines Gebildes namens Napf. Dass dieser Berg eine Verbindung zum Himmel sein sollte, hätten wir nie geglaubt. Wenn schon eine Verbindung, dann eher zu wilden, ungestümen oder verschlagenen Geistern. Dort weit oben lag dieser unheimliche Tanzboden, dort soll es ab und an im Nebel ganz schön geil zu- und hergegangen sein. Wo, ausser im Napfgebiet, hagelte es so oft? Wo blitzte es dermassen, dass Menschen und Vieh immer wieder nicht nur vom Blitz getroffen worden sind, sondern vor Schreck zu Tode fielen?

An diesem kleinen Berg lebten rund herum drei Volksgruppen, die der Napf zerriss und niemals einte. Alle sahen den Berg anders, und alle meinten, wenn sie diesen Teufel ohne die anderen ganz besitzen würden, dann bräche die Wohlfahrt herein. Da gab es die Entlebucher und Hinterländer auf der Luzerner Seite, die Katholischen, aber beide verschieden, und *ännet dem Napf* gab es die Emmentaler, denen wir auf Luzerner Seite schon deshalb nicht trauen konnten, weil sie geflecktes Vieh hatten. Gefleckt widerspiegelte einen unseriösen Umgang mit der Wahrheit. Die drüben waren für uns Hinterländer die *Bärner*, die Sektiererischen, diejenigen, die Religion von der Kirche ins Haus, vom Pfarrer zum Familienoberhaupt geholt hatten, und daher erschien für uns das Emmental voller Familiensekten. Hätten wir auf der Höhe einen Übergang zu Gott angenommen, dann hätten wir ihn mit den Bernern teilen müssen, und das wollte Gott bestimmt nicht von uns.

Schon früher war das Napfgebiet die Kreuzung der Welt; seinerzeit war die Bergkuppe ein grosser Durchgang zwischen Ost und West, Nord und Süd – bei den Kelten von hier bis in das Allgäu und das Bayrische, bei den Römern von Rom zum Rhein, und im Mittelalter war es der St.-Jakobs-Pilgerweg. In einer volkstümlichen Erklärung hiess es: Weil so viele Menschen während Jahrhunderten über den Napf gingen, wurde der Gipfel flachgetreten, und später sei gar die Kuppe eingesunken und habe unter sich alles erdrückt und damit die Abhänge zerrissen.

Auch Gold gab es einst in Hülle und Fülle. Die Kelten, leidenschaftliche Goldschürfer, haben bereits zu Beginn unserer Zeitrechnung alles weggetragen. Geblieben sind ein paar Splitter, die fast pulverisiert und von Steinen gemahlen im Wasser zu Tal fliessen. Trotz der goldenen Eigenschaften gehört die Gegend bis heute zu den ärmsten weit und breit.

Dieser Napf war immer geheimnisvoll und nie zu fassen, und die Menschen von Schlucht zu Schlucht begriffen einander nicht. Jedes Tal meinte das beste Napfwasser zu haben.

Um Wasser, genauso wie um Tannen, die von Blitzen zersplittert wurden, stritt man sich. Wegen eines *Schübels* Gras gab es Zank und Streit, die Generationen lang dauerten. Versöhnung konnte dieser Berg nicht vermitteln.

Nein, eine Verbindung zum Himmel war der Napf wirklich nicht. Er zeigte uns, dass diese Welt zerrissen, gespalten, unwegsam und ein Jammertal ist. Und dass man darin sehr, sehr *giizig* und verdammt misstrauisch werden konnte.

Zwei Berge haben später in meinem Leben einen tiefen Eindruck hinterlassen und sich mit meinem Napf verschmolzen.

Den Fudschijama in Japan habe ich auch nicht bestiegen. Aber ich habe ihn von hundert Seiten her erlebt – wie Hokusai, einer der grössten Künstler und Holzschneider Japans, der eine Folge von 100 Bildern über den Fudschi machte, die zum wertvollsten Kulturerbe Japans gehören.

Dem Tag, an dem ich den Vulkan besteigen wollte, ging eine kalte Nacht voraus. Alles war voller Raureif, und die Abhänge waren von einer dünnen Eisschicht blitzblank, ja, spiegelglatt belegt – wie Zuckerguss auf einem Kuchen. Am Morgen gingen wir zwischen Kirschbäumen, dann zwischen Föhren und durch Kleinwald – und gerade darüber sah ich diesen weissen Glanz, der wie eine Erleuchtung auf mich wirkte. Der Fudschijama gab sich als ein glasierter Zuckerstengel, faszinierend und Ehrfurcht gebietend.

Beim Abstieg fielen mir die vielen Holzstapel am Strassenrand auf. Ich dachte ans Napfgebiet: «Genau wie zu Hause!» Holzbeigen haben für mich nicht nur etwas Philosophisches, sondern auch tief Mystisches. Noch etwas sah ich erst beim Abstieg: die Wettertannen, die hier wie Jahrtausende alte Wächter standen – wie bei uns, wie mythische Soldaten, die, so kommt es einem vor, bestimmt schon Kelten und Römer erlebt haben. Hier wurde mir klar, dass du diesen Berg jeden Tag, jede Stunde, jede Minute anders erlebst; er wandelt sich und zeigt dir, dass die selbe Wirklichkeit stets eine andere ist.

Der Fudschijama schlug bei mir wie ein mystischer Blitz ein und ist mir im Innersten wie ein Mandala geblieben. In jenem Moment erfuhr ich, dass die fernöstlichen Mandala mit denen aus dem Napfgebiet sich gleichen, oder gar eins sind – ein mystisches Wunder. Auch hier habe ich nicht auf dem Gipfel, sondern an den Abhängen Schönheit erlebt. Warum soll ich denn zur Spitze hinauf, wenn ich das Glück schon vorher erreiche? Würde es der Gipfel mir nicht gar wegnehmen?

Von Bildern her hatte ich diesen Berg längst gekannt. Schon in der Jugend machte er auf den damaligen Fotos einen bezaubernden Eindruck auf mich. Ich wäre bestimmt zu ihm gereist, hätte es sich nicht ergeben, dass ich einige Zeit in der Gegend Buddhismus studierte. Ich konnte den magischen Berg einige Wochen lang betrachten. Er war jeden Tag anders, er kam und ging, er wandelte sich oftmals am gleichen Tag. Das Faszinierendste waren seine Abhänge und Übergänge in Wald, Bäume, Wiesen und zu Bauern und Mönchen. Der Berg kam und ging, er verwandelte sich und verging.

Nach dem ersten Besuch mit diesem Raureif und den trockenen Schneeflocken kam ich kurz darauf heim ins Napfgebiet. Es war Spätherbst, ich kam abends nach Hause und erlebte am anderen Morgen eine Raureiflandschaft mit sehr viel *Biecht* über allem. Vom Fudschijama hatte ich etwas mitgenommen.

Seither sind diese zwei Berge bei mir ineinander und zusammen geflossen, sie ergänzen sich gegenseitig, profilieren sich, und der Napf meiner Heimat erhielt weitere Dimensionen: er kam in die Welt hinaus, und die Welt kehrte jedesmal, wenn auch immer etwas verändert, ins Hinterland zurück.

Nach einem kurzen Besuch im Luterntal flog ich nach Rhodesien. Bevor meine Arbeit begann, entführte mich mein

Freund auf dem Motorrad für einen Tag ins Gebiet des Chimanymanymountain. Das war damals der Berg zwischen den aufmüpfigen Freiheitskämpfern und den sturen weissen Siedlern – die einen in Moçambique und die andern in Rhodesien. Der Chimanymany trennte zwei Fronten – so wie einst der Napf die Luzerner und Berner. In dem Gebiet lebten die *N'anga*, die traditionellen Heiler und Deuter, die – wie Weisse sie nannten – *witchdoctors* oder Zauberdoktoren.

Auf der Seite der Weissen hatte man die alten geheimnisvollen Wälder geschlagen und an den Abhängen in Reih und Glied Eukalyptus gepflanzt. Die Europäer nannten sie *wattle trees* und meinten damit eine Form von Gitterwerk oder Barrikaden. Die Vorderseite des Bergmassivs wurde also gekämmt, zivilisiert und kultiviert, damit die Bösen keinen Platz mehr darin haben konnten.

Die Chimanymany Berge haben keine markante Spitze, irgendein Punkt ist einfach als höchster gemessen worden. Sie ziehen sich lang und breit hin, sehen zerrissen aus und haben in der Regenzeit viele Bäche und Flüsse, die später fast alle austrocknen und deren Wasser kaum unten im Flachland ankommen. Es ist ein Massiv voller Geheimnisse, die teilweise von *N'anga* eingebracht wurden, die aber meines Erachtens die ganze Anziehungskraft ausmachen. Hier reden die Flüsse mit ihren kleinen und grossen Wasserfällen; hier vernehmen Menschen, sofern sie im Horchen geübt sind, Geschichten und Weisheiten, Einsichten und Zusammenhänge.

Ich besuchte diese Berggegend nur wenige Male. Sie zog mich magisch an. Hier fiel mir beim Nachdenken und Dichten jäh ein weiterer Zusammenhang der drei Berge ein: alle waren von Mönchen und Einsiedlern, Zauberern und Medizinmännern behaust. Die Mönche und Eremiten gingen nicht auf Gipfel, sondern blieben unten, dort wo der Anstieg zum Gipfel beginnt; wo der Berg auf die Erde aufgepfropft ist. Warum? Ein japanischer Mönch sagte in ferner Vergangenheit:

«Oben gehört der Mensch nicht hin, aber dorthin, wo der Schnitt des Berges mit dem Flachland liegt; dort kann er das Schluchzen von Menschen, Tieren und Pflanzen vernehmen.» Unten, wo das Wasser ankommt – ich dachte sofort ans Luthernbad und an andere Quellen, die beidseits des Napfs verehrt und genutzt werden.

Meine drei Berge führten mich nicht zum Himmel, sondern ins Innere der Welt. Die *N'anga* im heutigen Zimbabwe, die buddhistischen Mönche in Japan, die Eremiten im Napfgebiet – sie hielten sich an den Bergwassern, an Abhängen, in Wäldern und manchmal im Raureif auf.

Um deinen Berg zu verstehen, brauchst du zwei, drei andere auf anderen Kontinenten. Berge sind wie Menschen; sie gleichen sich und verschmelzen gerne in der Erinnerung miteinander.

Agnes,
auf dem Lande unbeholfen und verloren im Leben

Vor kurzem, 30 Jahre nach meiner Priesterweihe, befand sich ein an mich adressierter Umschlag ohne Absender in meinem Briefkasten. Ich fand darin eine Zwanzigfrankennote und ein Zettelchen: «Ich habe bei der Priesterweihe damals in Immensee Fr. 20.- von Werner geborgt und diese ihm noch immer nicht zurückgegeben. Tu es, bitte, für mich. Ich habe seine Adresse nicht. Herzlich grüsst Agnes.»

Die Priesterweihe hatte in einer kleinen Kapelle stattgefunden. Ich glaube, wir waren sieben, die vom Bischof geweiht worden waren.

Jeder Neugeweihte durfte seine Eltern und Geschwister, die Geistliche Mutter, eine Ehrenstellung einer grossen Wohltäterin, und je nach Familiengrösse die eine oder andere Person dazu einladen. Agnes gehörte bestimmt nicht dazu. Aber scheinbar war sie einfach gekommen. Ich weiss nicht woher, und ich habe sie an jenem Tag nicht gesehen. Sie hat meinen Bruder Werner um zwanzig Franken gebeten, damit sie sich im nahe gelegenen Dorf ein Mittagessen leisten konnte. Selbstverständlich gab er sie ihr, und klar war auch, dass das ein kleines Geschenk war. Warum kamen diese 20 Franken 30 Jahre später an mich zurück?

Agnes war die Tochter eines skurrilen Professors in der Innerschweiz. Er war aus dem St. Gallischen gekommen. Er und seine Frau galten als ausserordentlich geizig. Selbst seinem Patenkind, dem Göttibub, gab er nie mehr als einen Zweifränkler. Das erfuhr ich von ihm persönlich. Alle nannten ihn, wie es damals üblich war, Professor, weil er an der Kantonsschule Mathematik lehrte. Er hatte einen Trick, mit dem er Divisionen auswich. Er lebte vom Wahn, dass mit Teilen der Mensch bald auf Null stehe. Er glaubte sogar, dass der Mensch in der Mathematik alles lehren müsse, ausser dem Teilen, Halbieren, Vierteln, Achteln und so fort. Er soll Studenten einmal gesagt haben: «Das Teilen kam von Marxisten und Sozialisten in die Mathematik hinein. Ein Teilen gibt es in der Natur nicht.»

Er hatte zwei Kinder. Den Sohn Thomas liebte er und tat alles, damit er ein Genie würde. Die Tochter Agnes – sie war eben so ein Teilungsopfer. Der Professor brauchte alles Geld für die Laufbahn seines Sohnes; da hatte seine Tochter keinen Platz in der Teilung. Sie sollte nicht studieren; eventuell Kranken- oder Kinderschwester oder so etwas werden, das genügte für sie. «Nur etwas, das nichts kostet», schnaubte der Alte immer wieder. Immer wieder und allen, die es hören konnten, teilte er mit: «Wir brauchen so viel für Thomas, unseren Sohn. Kinder können einen Menschen an den Rand des Ruins bringen.»

Da kam der Weltkrieg gerade recht. Agnes sollte Landdienst leisten. So lernten wir sie kennen. Mutter bekam jedes Jahr ein Kind und brauchte zur Unterstützung jemanden aus der Stadt, ein Landdienstmädchen, wie es hiess.

Mutter würde Ende Mai ins Kindbett kommen, sagten die Grossen uns Kindern. In dieser Lage hatte Mutter Anrecht auf eine Hilfe aus der Stadt. Etwa einen Monat vor der Niederkunft kam eines Tages Agnes auf ihrem Fahrrad. Das war neu, denn bis anhin besassen Landdienstmädchen kein Velo. Jahr für Jahr war eines gekommen – mit dem Postauto und den Rest zu Fuss. Agnes fuhr also mit dem Velo daher, ihr gelblicher Koffer hatte kaum auf dem Packträger Platz, ihr Kleid war frühlingshaft, voller Spitzen, eine Mischung von Weiss und schillerndem, bläulichem Samt darüber. Sie trug einen grossen runden Hut. Das Ausserordentliche jedoch war der umgehängte Fotoapparat. Wir wussten zuerst nicht, was sie umgehängt hatte, denn einen solchen Apparat hatten wir alle noch nie gesehen, und selbst in der Schule war darüber noch nie gesprochen worden. Wir begrüssten Agnes herzlich, denn für uns Kinder waren diese Mädchen eine grosse Abwechslung, draussen am Rande des Waldes, weit weg von der Welt, eingeengt, armselig und dennoch zufrieden, da wir nichts anderes kannten.

Agnes, das spürten wir schnell, war unbeholfen, dafür voll guten Willens. Wir lachten sie dennoch nie aus, auch wenn sie uns allen viel zu lachen gab. Sie hatte zunächst keine Ahnung von einer Heugabel oder einem Rechen. Woher denn auch? Lernfähig und gutwillig war sie jedoch. Mutter sagte einmal: «Sie kommt mir wie ein Kind vor.»

Ihre Stärke waren Malen und Zeichnen. Aus unserer Gesamtschule hatten wir Kinder den Eindruck erhalten, dass wir Bauernkinder zum Zeichnen und Malen unfähig seien. Der Lehrer hatte stets abschätzig gesagt: «Ihr könnt nur mit Kuhdreck kneten.» Unsere Stifte waren zu hart, sodass sie ab und zu gar das Papier aufritzten. Agnes besass ein ganzes Bündel mit viel Auswahl von weichen und harten Stiften. Damit liess sich wirklich malen. Bald hingen im ganzen Haus Zeichnungen und alles – selbst in der Scheune – war mit Bleistift behandelt.

Unvergesslich bleibt ihre Zeit des Fotografierens. Wir Kinder, sechs und eines in der Wiege, standen unter dem Fellenbergzwetschgen-Baum, und Agnes machte die ersten Bilder in meinem und unserem Leben. Sie liess die Negative entwickeln, und wir konnten es kaum glauben, wie wir auf dem Papier wie eine Treppe da standen – von oben nach unten oder umgekehrt von der Jüngsten hoch zu mir, dem schmalen Ältesten. Verewigt hat sie auch den Hund und die Ziege – beide unter dem Zwetschgenbaum. Wir fanden die Bilder beim Tod der Mutter unter ihren Fotos.

Etwas ist wohl nur mir in Erinnerung geblieben. Sie rezitierte unter diesem Zwetschgenbaum Gedichte von Rainer

Maria Rilke und Hermann Hesse. Vater erschauerte, als er das vernahm und sagte ihr: «Hast du, Agnes, denn keine Ahnung. Mir macht es nichts aus. Aber stell dir unsere Nachbarn vor. Das kann mit Hexerei in Verbindung gebracht werden.»

Niemand verstand sie. Auch ich nicht, doch diese Gedichte, in die Nacht hinaus gesprochen, gaben mir eine tiefe Ahnung. Kein Wunder wohl, dass ich später am Gymnasium in den oberen Klassen diese zwei Dichter – zum Missmut der Lehrer – sehr schätzte und von aller Literatur nur diese zwei Dichter nach Amerika mitnahm. Rilke und Hesse gehörten zu Agnes. Ob wohl die Lehrer deshalb nicht wollten, dass ich sie las, weil Agnes nie betete oder zur Kirche ging. Das konnten meine Lehrer bestimmt nicht wissen, aber viele meinten damals, Rilke oder Hesse schadeten dem Glauben der Jugend. Warum solche Gedichte den Glauben gefährden, ist mir nie klar geworden.

Die andern Geschwister lernten malen, ich aber dichten. Ich lernte vor allem eines: Du musst nicht alles verstehen. Genau so wie mit den Fotos. Viele gelangen in jener Zeit nicht. Das Bild blieb schwarz oder dunkel. Agnes hatte dafür den schönen Satz: «Das Bild blieb darunter.» Bei den einen kam also das Bild hervor, bei anderen blieb es unten, aber musste doch wohl auch irgendwo da sein. Dahinter, darunter. Das musste man ahnen. Das macht Ahnung aus: sie sieht Dinge, die andere nicht sehen.

Agnes liebte unsere Katze, nicht aber ihre Mäuse, die sie auf dem Feld fing. «Das gehört zusammen», meinte Vater. Agnes fragte wie aus einer anderen Welt zurück, und diese Frage ist mir bis heute in Erinnerung geblieben: «Warum muss die Katze Mäuse fangen, sie erhält genug Milch vom Stall? Bringen wir nicht Sachen zusammen, die gar nicht so sein müssen?»

Agnes kam später immer wieder zu uns in die Roth. Freiwillig. Sie hatte gelernt, sich in diesen Betrieb einzuarbeiten.

Alles tat sie – ausser Flicken und Nähen. Am liebsten hielt sie sich draussen auf und arbeitete zusammen mit Vater oder Werner auf dem Feld. Agnes schien uns allen sehr gescheit zu sein, auf jeden Fall war sie so anders als die anderen Landdienstmädchen aus der Stadt. Sie erzählte unserer Mutter über ihren Vater, Mutter tröstete sie und versprach, für sie beim Professor ein gutes Wort einzulegen, denn Mutter hatte vor einem «solch gescheiten Tier» – wie sie selbst sagte – keine Furcht. Sie hat es anscheinend gewagt, aber der Professor soll ihr ganz von oben herab geantwortet haben: «Liebe Frau Imfeld, mischen Sie sich da nicht ein. Heiraten soll sie. Einen Mann finden. Wenn die studiert, schnappt sie über. Gut, wenn sie will, soll sie ins Kloster nach Ingenbohl oder Baldegg gehen. Aber das hält die nie aus.» Nicht ein einziges Mal habe er «meine Tochter Agnes» gesagt, nie ihren Namen auch bloss erwähnt, nur immer *die* und *sie*…, erzählte uns Mutter später.

Agnes hat nicht geheiratet. Sie arbeitete in Spitälern und Kinderheimen – meist bloss aushilfsweise, denn einen Pflegeberuf hatte sie sich nur angelernt. Immer war sie etwas unstet. Irgendwo suchte sie etwas anderes, aber was? Am Rand der Zeit; am Rand der Menschen. Mutter meinte einst: «Schade um Agnes. Irgend jemand hätte sie liebevoll, aber hart in die Hand nehmen müssen.»

Meine Schwester Mariann bekam Agnes als Firmpatin. Das nahm Agnes sehr ernst. Nur ein Beispiel.

Als Mariann in Lungern eine Lehre machte, war sie einmal übers Wochenende zu Hause. Da kam Agnes auf Besuch. Am Abend brachen beide nach Luzern auf. Agnes war furchtbar nervös, musste immer wieder alles erneut und abermals kontrollieren: sie war eine mühsame Zauderin geworden. Dauernd fiel ihr etwas Neues ein, und sie musste in ihrer Handtasche nachschauen, ob sie das vergessen habe oder ob ein anderer Gegenstand noch vorhanden sei; dabei verlor sie stets viel Zeit. So kamen die beiden zu spät auf den Zug nach Lungern, und Agnes beharrte darauf, dass es nun ihre Verantwortung als Patin sei, Mariann durch die Nacht zu begleiten. Es war bereits der letzte Zug, der jedoch bloss bis Giswil fuhr. Sie merkten es erst beim letzten Halt. Mariann wollte den Rest zu Fuss gehen. Agnes liess das nicht zu. Schliesslich sollen beide mit Autopstopp nach Luzern zurückgekommen sein. Mariann lacht heute: «Hin- und her begleiten, um nirgends anzukommen, das war typisch Agnes.»

Wahrscheinlich war sie nicht unstet, sondern unbeholfen und unsicher, weil sie an den Rand gedrängt, *verschupft* oder verstossen war – ihr Leben lang. Sie stand stets auf dem falschen Platz. Mit der Zeit glaubte sie selbst, sie gehöre gar nicht auf diese Welt. Das nennen dann Menschen dieser Welt «verrückt». Der Professor hätte sie immer am liebsten in eine Anstalt eingewiesen.

Als ich von meinem Studium in den USA auf Besuch zurückkam, habe ich auch den Professor besucht. Er bot mir nicht einmal etwas Kleines zum Essen an, was zu unserer Tradition gehört. Vielleicht ist er auch da der Ostschweizer geblieben. Seine Frau brachte wenigstens einen furchtbaren Minzentee und verschwand. Ich fragte ihn, wo Agnes sich befinde und was sie arbeite. Er wusste es nicht und wollte es auch nicht wissen. Sein Sohn war in der Zwischenzeit Professor in Michigan in den USA geworden. Er hatte mir auf einem Kongress, wo wir uns zufällig trafen, aufgetragen, bei meinem nächsten Besuch in der Schweiz seinem Vater Grüsse zu überbringen. Das tat ich also. Aber ich konnte ihm über seinen Sohn fast nichts sagen, denn ich lebte in einer anderen Stadt der USA. Auf seinen Sohn war er sehr, sehr stolz. Viel von ihm wollte er wissen, aber ich wich auf Agnes aus. Da wurde der Professor hart und kalt: «Sie hat es in ihren Händen gehabt. Sie tat nichts und erreichte nichts. Ich hatte von Anfang an gesagt: sie schafft es nicht.»

Diese 20 Franken von ihr, da vor mir, haben mich sehr traurig gestimmt. Selbst den Poststempel konnte ich nicht entziffern, um sie zu finden. Mutter hätte es bestimmt fertig gebracht. Sie hatte eine unglaubliche Spürnase, um solche Rätsel zu lösen. Aber sie lebt nicht mehr. So bleibt Agnes verloren. Sie war immer in dieser Welt verloren.

Der Schnapsbrenner im Hinterland

Der Beruf eines Schnapsbrenners war im Hinterland und im Entlebuch ein unmöglicher, denn es war ein absoluter Vertrauensjob.

Wer hätte einem Einheimischen vertraut? Kein Nachbar sollte wissen, wieviel man brannte. Das Schnapsgeheimnis war das grösste aller Geheimnisse. So sollte auch der Schnapsbrenner besser ein Berner als ein eigener sein. Daher kam Hofer aus dem Emmental vor und während des Zweiten Weltkriegs zum Brennen auf viele grössere Höfe im Hinterland. Ein kleines Brennöfeli besassen die meisten. Zahlen gab es nie, und Schätzungen waren bestimmt spekulativ.

Schnaps war das heisseste aller Eisen am Napf. Man besass Schnaps, doch niemand hätte je gesagt, wieviel. Schnaps war einfach da – *logge* oder Vorlauf, wenn man auftrumpfen wollte. Da gab es kleine Bauern mit bloss einem einzigen Baum, und dennoch – so erhielten Nachbarn und Besucher den Eindruck – besass er immer Schnaps. Für ein *Kafi* hatte jede, auch noch so kleine Haushaltung Schnaps. Hungersnot begann erst dann, wenn es keinen Schnaps mehr gab. Eine Familie, bei der es keinen *Kafi* gab, existierte eigentlich nicht mehr, weil sie nicht wirklich besucht werden konnte, denn jede Begegnung begann mit dem *Kafi Schnaps*; ohne Schnaps wurde man im Hinterland von allen geschnitten. Bevor also der Schnaps ausging, versuchte man es mit Verdünnen. Jemand, der dies tat, kam rasch in die Gerüchteküche. Es hiess: «*De Buecher hät de schön lugge Schnaps!*» (Bucher hat gestreckten und daher schwachen Schnaps). Es gab natürlich ab und zu Geizkragen, die ihren Schnaps fast bis zu Wasser verdünnten; solches sprach sich rasch herum, und die Einheimischen begannen, die Verdünner zu meiden und zu schneiden.

Alle besassen ihren Schnaps; der war nicht nur ihr Geheimnis, sondern Teil ihrer Identität, wie man heute sagen würde. Wahrscheinlich wird es auch einen Schnapshandel gegeben haben. Aber dieser muss bei Nacht und Nebel, also geheim abgewickelt worden sein, denn während meiner ganzen Kindheit – und als Kind sieht man sehr viel – sah ich niemals einen fremden Menschen, der Schnaps in der Tasche nach Hause trug. Gab man jemandem eine Flasche Schnaps mit auf den Weg, war das meist das höchste Geschenk, das man geben konnte. Die Empfänger waren richtig stolz; man steckte ein Streichholz ohne den Schwefelkopf in die Flüssigkeit, und die Flasche, meist noch mit dem Bülacher Verschluss, wurde in Zeitungspapier eingewickelt und wie etwas ganz Kostbares überreicht. Es war die Belohnung für eine besondere Leistung. Schnaps stand höher als jede Geldwährung. Schnaps, vom Berner Hofer gebrannt, galt weiterum als der beste und klarste. Meist steckte ihn die Frau in ihre Handtasche – vielleicht, weil man annahm, dass die Frau weniger leicht ausrutschen würde.

Schnaps war für die Männer heiliges Wasser; es besass besondere Kräfte; es verband Männer und Menschen; es hielt zusammen, weil es das Zeremonienwasser der Begrüssung war. Wer gemeinsam ein *Kafi* – und ein *Kafi* hiess immer *mit* Schnaps – getrunken hatte, gehörte dazu. Daher wurde einem Polizisten oder einem sonstigen Ordnungsbeamten kaum je ein Schnaps offeriert, denn alle wussten genau, dass es bestimmte Distanz zu dem brauchte, was deren Aufgaben waren, was sie tun mussten; keinen dieser Ordnungsleute wollte man in peinliche Verlegenheit bringen, weil alle, die einmal miteinander Schnaps getrunken hatten, einen gewissen Abstand verloren.

Die wenigen, die niemals verstanden, was dem Hinterländer oder Entlebucher ein *Kafi* oder der Schnaps bedeuteten, waren «die in Luzern draussen» und «die in Bern oben». Die meinten alle, dass Entlebucher und Hinterländer Säufer seien. Diese Annahme war eine der perfidesten Unterstellungen und beleidigte alle – sogar uns Kinder. So traf das Wort «Schnapsvogt» genau das, was die bösen Habsburger scheinbar gewesen sein sollen. Schnapsvogt war ein Gessler von heute. Ja, diesem Gessler hätten wir alle, vor allem wir Buben, die Zwetschgen oder Birnen vom Kopf geschossen.

Erst als ich 1999 las, dass der Schnapsvogt von Buttisholz und Nottwil seinen Dienst getreu vollendet habe und nun – schauen Sie genau hin – nach 66 Jahren in den Ruhestand trat, da wusste ich, wie seriös, ja heilig ein solcher Auftrag gewesen sein musste. Das Amt war vom Vater auf den Sohn übergegangen; sie waren Küfer. Sie kannten also die Fässer und rochen wohl den Inhalt ganz genau von weitem. Der muss *tiffig* (beschlagen, tüchtig) *und ein Haar breit tolerant* gewesen sein, sonst hätte er das Vogtamt kaum so lange überlebt. Oder wollte es einfach kein anderer?

Genauso war es mit den Brennern. Sehr lange hielt es keiner aus. Alle gaben sich erlöst, als die grosse Destillerie nach Willisau kam. Das war international und neutral, es war gnadenlos, aber fair. Eine Brennerei war halt stets ein bisschen manipulierbar. Schnaps war zudem – vom Hinterland aus gesehen – das heilige Thema der Politik.

Ein Schnapskrieg gegen die Bauern dauerte über Jahrhunderte hinweg. Da halfen die meisten Pfarrer kräftig mit. Als dann auch noch ein Jeremias Gotthelf mitzumachen begann – und für ihn Schnaps und Jesuiten auf Luzerner Seite dasselbe waren, da war das ganze Volk einfach «verrückt», sogar die Jungen: sehr verärgert, böse, einfach verrückt; Wut im Ranzen, die nur mit einem *Angemachten* etwas beruhigt werden konnte.

Wohl gab es einige, die etwas zuviel tranken, aber niemand ging solchen Ursachen nach. Es war bestimmt nicht der Schnaps, aber wenn es keinen Ausweg mehr gab, besoff sich ein Mensch doch lieber mit Schnaps und erfror. Über 200 Jahre wütete in den Krachen des Hinterlands (und des Entlebuch) Hunger; es gab viel zu viele Kinder: kamen diese etwa vom Schnaps? Es gibt eine böse Geschichte, wie eine verzweifelte Mutter hinter Romoos ihr totes Kind im Brennhäfeli brannte, um mit dem Scheinschnaps selbst zu überleben.

In Bern oben und in Luzern draussen taten die Verantwortlichen genau so, als ob alles vom Schnaps käme und sie keine Schuld träfe. Diese Wut im *Ranzen* der kleinen Bauern um den Napf herum war echt und hätte gedeutet werden können. Die Leute glaubten mit der Zeit selbst: «Wir sind doch bloss Entlebucher und Hinterländer, Schnäpseler, Säufer, Abfall...» Interessant nur, dass sie diese Leute ob der hohen Kinderzahl nie Huren oder Sexverfallene nannten.

Bereits 1886 wurde vom Bund der Kartoffelbrand verboten: er sei keine Arznei, sondern eine Droge, hiess es. Um die Jahrhundertwende kam es abermals zu einem Schnapskrieg: der Bund gewann mit Hilfe der Städter die Abstimmung, und so blieb das Brennverbot für den Kartoffelschnaps; die Eidgenossenschaft tat dasselbe mit dem Absinth im Jura und dem «Gletscherwasser» im Wallis. Die Ratsherren, die das taten, kamen sich als grosse Moralapostel vor und glaubten, genauso wie heute, Arme gerettet zu haben. Dieses Thema war bis vor kurzem noch immer das hitzigste im Hinterland. Immer hiess es, das war nicht das Volk, und der Bund bestehle die kleinen Bauern – bis heute.

Die meisten Leute besassen ein eigenes Brennhäfelchen irgendwo im dunklen Keller. Da gäbe es noch viele Geheimnisse zu lüften.

Die grösseren Bauern benötigten den offiziellen Brenner mit seiner Brennerei, um eben offiziell im Brennregister zu sein. Hätten sie nicht offiziell gebrannt, dann wären sie unerträglich in Verdacht gestanden.

Die *Brenni* musste mit Pferden geholt werden. Der Bauer

hatte genügend – und zwar gutes – Holz zum Brennen zur Verfügung zu stellen. Der Brenner erhielt gratis Speis und Trank auf dem Hof.

Hofer war gross und kräftig, zurückgezogen und nicht in die Gesellschaft involviert. Er war einfach «der Brenner». Er hätte niemals auf dem Bauernhof übernachtet. Er fuhr mit dem Fahrrad heim zu einer jungen grossen Familie ins Bernische und kam morgens früh. Wegen der Kontrolle sollte des Nachts nicht gebrannt werden. Dennoch konnte entscheidend sein, wann genau er ging und wann exakt er seine Arbeit begann, denn da lag vielleicht eine halbe Stunde dehnbare Zeit oder *Spazig* dazwischen, während der der Lauf nicht gemessen wurde. Schon früher gab es wenige Möglichkeiten zu betrügen, doch absolut sicher konnte nichts sein. Neben ein klein wenig Mogeln mit der Zeit gab es die Möglichkeit des mehr oder weniger Verdünnens. Der Alkoholmeter wurde tief in den Schnaps eingetaucht. Hochprozentige Ware, meistens um 66 Volumenprozent. Dann griff der Brenner zu einem Tuch, legte es über die Korbflasche und filtrierte den Schnaps hindurch; dann goss er Wasser nach, bis sich der Alkoholmeter bei 56 Prozent einpegelte.

Was er brennt, heisst Maische; es ist der Rest in der Presse beim Mosten. In unserer Napfgegend wurde die Maische Trester genannt. Daraus leitete man auch den Namen des Schnapses *Tresch* ab. Wenn alles ausgepresst ist, werden diese Maischen in verschiedene grössere oder kleinere Fässer gestampft und etwa ein Jahr später «gebrannt». Schon hier konnte ein Bauer vieles beitragen, um mehr oder weniger Schnaps zu erhalten. Der beste Schnaps entsteht, wenn Äpfel und Birnen sauber sind und möglichst wenig Blätter, Stiele oder Kleinäste dabei sind. Ein *Öbstler* entsteht aus Birnen- und Apfelmaische. Will einer Zwetschgen oder Kirschen brennen, dann muss alles fein säuberlich ausgewaschen werden. Der Dampfkessel wird ausschliesslich mit frischem trockenem Holz geheizt.

Jeder Brenner besitzt sein heiliges Buch, das Brennbuch. Da rein schreibt er fein säuberlich und haargenau, wieviel naturreiner Schnaps aus dem Brennapparat geträufelt war. Wieviel starker Vorlauf, denn dieser war besonders wichtig. Pro Kuh durfte eine bestimmte Menge Vorlauf für medizinische Behandlung abgefüllt werden. Wurde der Brenner krank, musste die Brennerei sofort plombiert werden.

Hofer hatte in all den Jahren alle Tricks kennen gelernt. Am meisten konnte aus Theilersbirnen-Trester herausgeholt werden. Daraus gab es nämlich den besten und stärksten Schnaps. Er liess daher sehr oft zwei verschiedene Fässer vorfahren und mischte dann die beiden Maischen.

Ein Brenner war also sowohl ein Mixer als auch ein Magier. Hofer hatte gerne Kinder, aber bloss keine Erwachsenen um sich. Er erhielt ein *Extraznüni* und genoss es. Er trank am Tisch keinen Schnaps, weil er – wie er bemerkte – den ganzen Tag über immer etwas Schnaps probieren müsse.

Eines Tages wurde Hofer wie aus heiterem Himmel verhaftet. Der Schnapsvogt war zusammen mit dem Dorfpolizisten gekommen, und sie plombierten sofort die Brenni. Was das soll, fragten sich alle, und mehr und mehr Leute strömten aus allen Himmelsrichtungen herbei. Alle sprachen von einer «Schnapsidee». Andere glaubten, es handle sich bloss um eine Kontrolle.

Es war gegen Ende des Zweiten Weltkriegs. Die Armut war gross. Die meisten Männer waren meist weg und standen im Dienst der Heimat. Es geschah im Frühling.

Hofer war sehr beliebt, und viele gaben ihm etwas mit für die Kinder, damit diese zu essen hatten. Er besass die Schwäche, dass er armen Familien ein oder zwei Liter «schwarz» brannte; insgesamt gesehen war das eine Mücke in der grossen Welt. Er tat es selten. Doch liegt der Neid in dieser Gegend wie Mehltau über allem. Ein Grossbauer (alle wussten, wer es war) hatte dem Vogt zugetragen, er solle doch einmal bei Imfelds abends nachschauen. Warum um diese Zeit? Hofer tat solch seltene Wohltaten jeweils abends. Er stellte ab und registrierte alles. Da jedoch der Tank noch heiss war, konnte er leicht nochmals anstellen und sein z'Fünfi essen. Falls die Kontrolle kam, konnte er sich herausreden, dass er abgestellt habe und etwas nicht stimme.

Wie kam der Grossbauer auf diesen Trick des Brenners? Er fand heraus, dass er nur bei drei Familien z'Fünfi ass, denn er hatte ihn beobachten lassen. Er war gekränkt, weil er ganz gern fünf Liter schwarzen Schnaps gehabt hätte und Hofer sich weigerte. Der Grossbauer wurde sehr, sehr böse und rief ihm am Schluss beim Abschied hämisch nach: «Hofer, dich erwische ich schon noch!»

Hofer wurde unmenschlich bestraft. Zwei Jahre musste er absitzen, und er verlor für immer sein Brennpatent. Seine Familie musste mehrere Jahre lang vom Sozialamt leben. Und das alles nur wegen sechs Litern unerlaubt gebranntem Wassers, also Schwarzschnaps. Solidarität und Mitleid erfuhr er meines Wissens von niemandem. Selbst Vater sagte: «Was kann ich als kleinster Bauer für den Hofer tun?»

Das schlug bei mir ein und blieb. Es gibt Menschen aus der Jugendzeit, die dich im Geist in die Welt hinaus mitbegleiten. Bei mir gehört Hofer, der Brenner, dazu.

Ein Entlebucher Pendler

Ob es den typischen Entlebucher gibt? Wohl nicht. Vor allem heute nicht mehr.

Als ich Franz zum ersten Mal traf, meinte ich, einen versteinerten Entlebucher vor mir zu haben. Er war kräftig und wortkarg; er brummte mehr in sich hinein als zu mir. Er schnorrte wie eine böse Katze und benahm sich so, als sage er mir: «Lass mich in Ruhe!»

Heute gibt es in diesem Tal noch einzelne Querköpfe, die vor allem keine staatlichen Vorschriften brauchen. Sie bauern, wie sie wollen und so, wie es bereits alle Vorfahren taten. Begreiflich, dass einige nicht einsehen, dass was die Familien 300–400 Jahre über Wasser hielt, heute nicht mehr gelten kann. Warum sollte man nicht ein eigenes Stück Wald roden? Wieviel würde eine solche Rodung schon ausmachen? Warum sollte ein Wildbach nicht etwas verlegt werden dürfen? Und warum brauchte man hierzu – auf dem eigenen Land! – die Erlaubnis des Staates? Selbst die Gemeinde soll ihre Bürger gewähren lassen! Kann ihr doch egal sein, wo dieser neue gezügelte Bach auf ihren Karten durchzieht. Ein kauziger Bauer von Doppelschwand jammerte mir gegenüber jüngst: «Bald wird der Naturschutz uns vorschreiben, dass wir mit der Sense nicht mehr gegen unten zu, sondern nach oben mähen sollen.»

Der Entlebucher lässt sich nicht dreinreden. Wenigstens nicht von Menschen. Verdächtig sind ihm die Nachbarn und alle Beamten und alles, was von Luzern innen heraus oder von Bern oben herunter kommt.

Franz entstammte einer Familie mit vielen Kindern. Sein Vater hatte jeweils, wenn er Witwer geworden war, wieder geheiratet. So hatte Franz sozusagen drei Mütter, die im Lauf der Jugend oder des Älterwerdens einfach eines Tages starben.

Natürlich waren es Mütter, aber auch Mägde, denn Vater hätte den Hof ganz hinten im Krachen niemals allein bewirtschaften können. Franz stolpert noch immer, wenn er seine Geschwister aufzählt: direkt, von der anderen Mutter oder gar von der dritten Mutter.

Wichtig ist für Franz, und das hat er später mehr und mehr erkennen dürfen, dass er ein Zwilling ist. Diese leben während 9 Monaten ganz eng zusammen. Sie werden eins. Sie lernen, sich aufeinander abzustimmen. Sie erfahren schon da ihre dauernde Gegenwelt und den Zwang, sich einander anzupassen. Zwillinge wissen nach der Geburt intuitiv selbst, dass sie trotz Distanz irgendwie und irgendwo zusammen gehören. Zwillingskinder scheinen auf andere mehr Rücksicht zu nehmen. Diese Erfahrung im Uterus der Mutter ist einmalig und wird sich auf ein ganzes Leben auswirken. Franz wusste und spürte, dass stets andere neben ihm waren und sind. Es gab und gibt während des ganzen Lebens Zwillingssituationen, Lagen, in denen man weiss, dass man nicht allein ist und so etwas wie ein Gegenstück besitzt.

Franz war fast vorbestimmt, im Leben zum «Dienen» anzutreten. So kam er nach der Primarschule mit 14 Jahren als Verdingbub – ein junger Mann, der auf Befehl alle Dinge tun muss – zu einem Bauern im Blumenberg, der ihm – wie üblich – einfach Kost und Logis gab. Selbst neue Schuhe einmal im Jahr konnte er sich nicht leisten. Er trug stets die gleichen und musste sie sich immer wieder zurechtmachen. Da gab es zwar noch ein schmuckes Paar, das er einst für den Kirchgang getragen hatte, aber die waren längst zu klein. Er nahm das Leder von diesen weg und überspannte jeweils damit am Sonntag für die Kirche seine jetzigen Holzschuhe.

Dass man ob solcher Verhältnisse in sich gekehrt aufwuchs und lebte, erschien natürlich. Die meisten trugen die Gram im Inneren; reklamieren durfte man nicht, darüber war sich jeder klar, und etwas zu ändern lag nirgends drin. Es war so, und alles sich Wehren nützte nichts. Franz sagt ironisch in bestimmten Situationen bis heute: «*Eifach d'Schnörre zu, usser flueche wie e Rohrspatz.*» Ein Lästermaul und immer etwas fluchen, gehören bis heute zu seinen *Kurereien*, genauso wie der Volksmund die Entlebucher charakterisiert. Kaum je einer – nicht einmal der Pfarrer – nahm es wahr, dass sich in diesen Menschen in der Tiefe ein reges Seelenleben abspielte. Solche Menschen – gerade aus dem Entlebuch – können sehr hellhörig sein, selbst wenn es der Aussenstehende übersieht.

Ihre Eigenart besteht im sehr ernst Nehmen der Zeichen der Natur. Sie deuten seit je Wetter, Wolken und Wind. Sie vermögen einen genauen Unterschied zwischen der Blust vom letzten und diesem Jahr herzustellen. Sie spüren Unglück herannahen. Viele dieser Entlebucher sind echte Hellseher und andere verborgene Bauernphilosophen. Franz eignete sich zum Beispiel eine ganze Kosmologie der Geister an.

Bei Franz war dieses Ahnen und Wahrnehmen ganz besonderes vorhanden. Er sprach niemals darüber. Manchmal machte ihm all das gar selber Angst. Er wusste nicht klar, was es war, und darüber geredet hätte er nie mit einem anderen Menschen. Wo hätte er anfangen sollen? Zudem ist eine Ahnung etwas anderes als das traditionelle Wissen. Dazu kam – wie viele humorvoll sagten – dass der liebe Gott für die Entlebucher keine Sprache geschaffen hat. Er hat sie vergessen, weil sie schon damals wie Holzböcke schwiegen. Sein Vater hatte schon gependelt, aber bestimmt dem Sohn davon nichts erzählt. Franz musste also, wie ein Junge auf die Sexualität, so auch von sich aus aufs Pendeln kommen. Er versuchte es des Nachts. Dabei hatte er zuerst grausame Angst, obwohl das Pendel ihn sofort ganz beruhigte. Er wollte auf keinen Fall, dass etwa der Teufel etwas Böses in ihn einschmuggle, denn er wollte nichts gegen den Herrgott unternehmen. Weder mit dem Teufel noch mit bösen Geistern wollte er nur das Geringste zu tun haben. Und siehe da, sein Pendel schlug aus.

Das war eine ganz eigentümliche Offenbarung: durch ihn hindurch gingen Kräfte; woher sie kamen, wohin sie gingen, was sie wollten, das alles wusste er nicht.

Der traditionelle Entlebucher galt als sehr scheu. Nicht einmal in die Kirche getraute er sich. Da schlich er sich höchstens im letzten Moment herein und drückte sich in die hinterste Bank. Noch vor dem Wettersegen verliess er die Kirche, ging selten in eine Beiz. Stapfte einfach in sich gekehrt, ganz still heim, beobachtete am Wegrand Blumen und Gräser und schloss daraus, was auf ihn und den Hof gelegentlich zukommen würde.

Es gab da meist kinderreiche Familien, mit viel zu vielen Söhnen ohne eine Chance im Leben. So wurde das Entlebuch zur Schatztruhe für Knechte. Von hier kamen die Melker, Karrer, Landarbeiter oder die ganz gewöhnlichen Knechte in der Landwirtschaft, die es bis Ende der 50er Jahre überall gab. Sie fluchten und meckerten zwar: das war Teil ihres Lebens. Ab und zu gab es Krach. Auf einem Hof alles zusammenzuhalten, lag in den Händen und dem Geschick des Meisterknechts. Im allgemeinen waren die Knechte still und geduldig; sie erschienen hart und gefühllos. Manche kamen der Umgebung tölpelhaft vor. Die Umwelt machte sich über sie gerne lustig. Die vielen Entlebucher Witze hatten da ihren Ursprung. Etwas, das zum Beispiel nicht stimmte, war das im Volk gängige Klischee von Trunkenheit, denn wie – bei dieser Lage und diesem Lohn – hätten sie zu Schnaps kommen sollen?

Nach zwei Jahren kam Franz zum grössten Bauern in der Gemeinde Neuenkirch. Nicht die Knechte suchten sich ihren Ort aus. Es gab eine Knechtebörse unter den grossen Bauern. Zu Lichtmess kamen sie hier und dort zusammen und rühmten – wenigstens einmal im Jahr – ihren Knecht oder Karrer oder Melker, vor allem, wenn sie diesen oder jenen loshaben oder etwas Neues probieren wollten. Sehr oft ging es um einen Meisterknecht. So kam Franz als Meisterknecht auf einen Hof mit 10 Personen, nicht gezählt die Frauen und Mägde. Der Meister und sein Sohn, 2 Melker, 1 Karrer, 1 Traktorfahrer und 3 Landarbeiter. Und natürlich er, Franz, der Meisterknecht, besprach mit dem Grossbauer, was anstand und was vorgenommen werden sollte. Der Grossbauer selbst ging täglich übers Land und durch die Ställe, um so die Übersicht und die Grossplanung klar im Kopf zu behalten. Täglich besprach er kürzer oder länger die Lage mit dem Meisterknecht Franz.

Die Lage verlangte sehr viel Personalwechsel, denn alle gesunden Männer mussten immer wieder in den Militärdienst. Die Zahl der Arbeitskräfte variierte in jener Zeit sehr stark, denn es wurde nicht immer jeder ersetzt. Dazu waren Kleinbauern da, die damit etwas hinzu verdienen konnten – zwar nicht Geld, sondern Pferd und Pflug; es war also ein Tauschgeschäft. Ausnahmen vom Dienst gab es keine, sondern bloss Verschiebungen und Landdienstler, Leute aus der Stadt, die dafür vom Bund ausgeschickt wurden. Der Bund nahm Rücksicht auf die harten Zeiten der Bauern; die Eidgenossenschaft brauchte zum Überleben und Durchstehen die bäuerlichen Produkte. Franz ist stolz auf seine über 1000 Diensttage. Die harten Zeiten auf einem Grossbauernhof waren Heuet, Emdet, die Fruchternte und der Herbst mit dem Lesen des Obstes und dem Ernten der Kartoffeln. Zu all diesen schweren Zeiten wurden Kinder der Nachbarschaft zur Mithilfe geholt. Die Schule wurde in dieser Zeit geschlossen; es gab den Erdapfel-Urlaub.

Fest standen die Zeiten des Melkens. Morgens wie nachmittags wurde um halb zwei Uhr begonnen; 16 Brenten (= Kannen) zu 60 Liter wurden gefüllt. In den Ställen standen zwischen 55 und 60 Kühe, die gemolken werden mussten. 30 Stück Jungvieh gehörten mit zur Sorge. Abends um 8 Uhr gingen die Melker zu Bett, um bereits um halb zwei wieder mit der Fütterung zu beginnen. Die anderen Knechte mussten jeweils nach dem z'Nacht Erdäpfel für die Rösti vom z'Morgen schälen. Diese Zeit am grossen Küchentisch war vor allem im Winter eine Zeit, in der alle versuchten, sich gegenseitig auf die Hörner zu nehmen. Es ging indirekt um Frauen, aber direkt hätte kaum jemand darüber gesprochen. Eine Sprache, die solches auszudrücken vermochte, gab es für diese Menschen nicht.

Knapp bemessen war das Essen. Morgens standen zwei grosse Platten Rösti auf dem Holztisch und eine für die Katzen. Die Bäuerin war knauserig, um nicht zu sagen geizig. Mit jedem Speckmöckeli, das wegging, meinte sie, der Weltuntergang käme näher. *Es Räf* nannten sie die Knechte unter sich.

Eine grosse Ehre und ein Privileg stand dem Meisterknecht zu: er durfte am Sonntag die Bäuerin mit dem Break zur Kirche fahren. Darum wurde er kaum von jemandem beneidet, denn «recht» konnte es der Herrin keiner tun. Hatte sie ein Stückchen Brot mitgenommen, erhielt das Pferd dieses, aber sie hätte wohl kaum je daran gedacht, auch dem Knecht etwas zu geben.

Knauserig war auch der Grossbauer. Der Meisterknecht erhielt 150 Franken Monatslohn. Franz wollte nach ein paar Jahren etwas mehr, denn wie sollte er mit 150 Franken weiterkommen? Niemand glaube, dass diese 150 Franken einfach Spargeld waren. Er musste etwas im Haushalt fürs Waschpulver abgeben. Dazu hatte er ein kleines Laster, denn er rauchte ab und zu mit Genuss einen Villiger Stumpen. Dieser kostete bereits 1947 einen Franken. Am Sonntag ging er nicht wie alle anderen kurz ins Kreuz oder den Bären. Das, was ihm also blieb, würde ja niemals für eine eigene Pacht gereicht haben; selbst nicht für das kleinste *Höfchen* oder *Heimet*. Sollten etwa, nach Gottes Willen, die Entlebucher ewig Entlebucher bleiben: schön brav unten; stets etwas erdrückt, was sie dann im Alter äusserlich etwas korpulent macht, also Knechte, *Chnörzelichaibe* und innerlich verdorrte Jammertaler? Die Zeit hat inzwischen die Frage gelöst. Noch ein paar Jährchen zurück tönte alles ausweglos. Der Grossbauer meinte mit viel grossen Worten, dass Knechte keine Ahnung vom Ganzen und insbesondere von den Kosten hätten und der Meister bei etwas mehr Lohn für die Knechte zu armen Tagen kommen, dass einer nach dem anderen ihm das Hemd ausziehen würde und er darob verlumpen könnte. Er liess Franz scheinbar leichten Herzens ziehen, denn es war eine Zeit nach dem Krieg gekommen, wo die Landwirtschaft immer weniger Knechte benötigte. Wie sollte ein Entlebucher, wie Franz aus dem Schatten der Schrattenfluh, weiterkommen?

Das Pendel bedeutete Franz, dass ihn das Bauerndasein nicht weiter bringen würde. Er hatte zum ersten Mal das Pendel für seine Zukunft benutzt. Er zitterte, denn er wollte Gott nicht herausfordern. Niemand sah es ihm an, dennoch war Franz tief fromm und gottergeben. Das Pendel? War das ein Splitter von einem Engelsstab? Etwas Böses konnte es auf keinen Fall sein, das fand er nach und nach heraus. Es war Teil seines inneren Auges. Schliesslich war er nicht verlegen, aber auch nicht verwegen, um seine Zukunft voraus zu wissen oder zu sehen. Er ging einfach weiter. Etwas würde schon kommen. Gottvertrauen, das besass er stets. Das, was auf ihn zukam, nahm er ergeben an. Er betete im Stillen sehr viel; auch wenn er nach aussen wie ein fauchender Klotz erschien.

Franz ging ins Entlebuch zurück, um in der Holzfirma Eco zu arbeiten. Holzen war für ihn schon immer eine Lieblingstätigkeit gewesen, auch auf dem Bauernhof. So war ihm der Winter im Wald fast lieber als die Ernte auf den Kornfeldern. Franz war sehr lernfähig, und er wurde immer vielseitiger: auf einem Bauernhof konnte ihm niemand mehr etwas vormachen; Wald und Tannen konnte er deuten, ihr Alter bestimmen und wissen, wann etwas gefällt werden sollte. Genauso gut wusste er, wie mit dem verschiedenen Holz umzugehen und wie es zu verarbeiten sei: vom Stöcke Sprengen bis zum Bretter Schleifen. Auf dem Bauernhof hatte er zudem das

Schlachten gelernt. Er wurde bei Leuten, die seine Würste kannten, als der beste Wurster angepriesen. Franz begab sich mit Hilfe des Pendels sozusagen ins Innere eines Schweins, beruhigte es, erzählte ihm, dass auch er nicht alles könne, was er möchte und auch er zu Diensten der Menschen stehe. Menschen, die mit sich nicht zufrieden sind, können keine guten Metzger sein, war ein geflügeltes Wort von ihm. Wenn jemand einmal Franz im Schweinestall sah, konnte er nicht den rauhen, fluchenden und mitunter quirligen Franz des Alltags erkennen. Einmal machte ein Bekannter die Bemerkung: «Er ist das wieder lebendig gewordene Bild des Heiligen mit den Säuen.» Es gab natürlich auch diejenigen, die in ihm bloss den ungehobelten und grausamen Metzger sahen.

Die Arbeit in der Holzindustrie Eco gefiel ihm. 1949 erwies sich als eine sehr schwere Zeit für die Schweiz. Der Krieg war zwar vorbei, aber nichts wollte so richtig anlaufen. Niemand hatte Geld, es wurde zu wenig investiert. Die Flucht aus der Landwirtschaft setzte vehement ein, eine neue historische Phase begann, ohne dass es die Menschen vorerst merkten. Die Industrialisierung begann. Bei Eco gab es zu wenig Aufträge, also mussten Arbeiter entlassen werden. Ein Familienvater sollte gehen. Franz, der alleinstehend war, stellte sich als Ersatzmann hin, ging zum Chef und legte ihm dar, falls er dem Familienvater seinen Platz gäbe, trete er aus. Der Chef war einverstanden.

Franz riss sein Steuer herum und meldete sich als Missionsbruder für die Mission. Ursprünglich verstand er es nicht, dann erschrak er, als sein kleines Pendel in Richtung Afrika ausschlug. Wenn er heute scherzend sagt: «Ich musste nehmen, was es gab», dann meinte er kaum den Missionsberuf, sondern die Arbeiten, die es da zu verrichten gab. Ein Missionsbruder war ein Faktotum, woran einige dieser Brüder fast verzweifelt sind: alles können zu müssen und letztlich nichts zu können. Zeit für eine vertiefte Ausbildung gab es nicht. Da hatte jedoch Franz gut vorgesorgt. Zwei Dinge besass er stets in seinen Hosentaschen: einen Rosenkranz und ein Pendel.

Ausgerechnet in Rhodesien, wohin er 1957 auswanderte, wurde er mehr und mehr zu einem stillen Bauerntheologen. Für die Schwarzen standen hinter allem Leben und allen Menschen Ahnen, für Franz waren es Arme Seelen. Die meisten würden bestimmt sagen, dass sich beide sehr nahekommen und wohl das Gleiche ausdrücken. Afrikanische Menschen deuten Krankheit und Unglück als Zeichen oder Hinweise von Ahnen, die in unserem Leben entweder positiv oder negativ intervenieren. Wenn immer jemand wegen eines Leids klagte, nahm Franz sein Pendel hervor. Sehr oft hiess es dann, eine Arme Seele will etwas von dir. Bete für sie, meistens ein Gesätzchen vom Rosenkranz oder lass gar eine Messe lesen. Es begann schon hier: Viele Missionare konnten solches kaum mit ansehen, andere gar lächelten einfach, denn gar mancher wird auf diesem Kontinent zum Spinner, und einige klagten ihn des Aberglaubens aus dem Entlebuch an, der sich auf die Heidenbekehrung fatal auswirken könnte. Franz ging unbeirrt seinen Weg. Niemals empfand er sein Tun als Magie; bei einer solchen Vermutung oder Anschuldigung hat er in sich hinein gelächelt, aber ab und zu auch ein paar harte Worte verschluckt oder in sich hinein gebröselt und gebrummt, denn Entlebucher war er voll und ganz geblieben: «*Du dumme Chaib!*»

In Afrika hat er sein Pendel kaum im Zusammenhang mit Krankheit, sondern zur Suche von Grundwasser eingesetzt. Während seines Aufenthalts wurde er von überall gerufen, um landauf landab mit seinem Pendel Wasser zu orten.

Als die Unabhängigkeit Rhodesiens kam, sah er ein, dass er besser zurückträte und in die Schweiz heimkehrte. Viele nahmen das nicht ernst, machten sich über ihn lustig und behaupteten, ihm ginge es letztlich einfach ums Heiraten. Natürlich heiratete er. Er hatte alles Recht dazu, denn wieviel vom

Leben hatte er für andere gegeben. Wieder einmal war er seinem Pendel gefolgt. Zurück in der Schweiz machte er die Meisterkochprüfung; und arbeitete zusammen mit seiner Frau in verschiedenen Grossküchen. Leider liessen seine Gelenke nach, er konnte bloss noch am Stock gehen, liess sich operieren und Sulzer-Gelenke einsetzen.

Er konnte kaum noch gehen, und selbst das Stehen war hart. Er zog sich aus dem Berufsleben heraus. Seither wurde sein Pendel zum Schicksal. Er hilft – soweit er kann – Menschen, mildert ihre Schmerzen. Er tut alles aus Distanz. Niemand muss zu ihm gehen; er brauchte dazu bloss das Telefon und sein Pendel. Man erwähnt Medizin nach Medizin mit Namen, oder zählt in Frage kommende Verwandte oder Bekannte auf, bis auf einmal sein Pendel ausschlägt. Er betet für diejenigen, die ihn anrufen. Abend für Abend ist er auf Nachtwache mit dem Rosenkranz und Pendel, daneben das Telefon. Menschen rufen an, er pendelt, findet sehr oft den Störenfried, gibt den Menschen am Telefon ein paar tröstende Worte, bittet sie, sehr oft, eine Messe lesen zu lassen, bei ganz schweren Fällen kann es eine Gregorianische Messe sein, Messen über ein ganzes Jahr hinweg. Anschliessend betet er in aller Stille den Rosenkranz. Für ihn bedeuten Vaterunser und Ave Maria, Rosenkranz und Messe sehr viel.

Fragt man ihn nach Andersgläubigen, dann bezeugt er viel Respekt für sie, aber er sagt ganz klar, dass er dafür nicht zuständig sei. In seiner Theologie benehmen sich Arme Seelen in den verschiedenen Religionen anders; dennoch unterstehen alle dem gleichen Gott. Er nimmt es immer wieder auf sich und betet, ohne den Hilfesuchenden etwas darüber zu sagen, ein, drei oder fünf, wenn nicht gar zehn Vaterunser. Immer wieder erhielt er Bescheid, das Übel sei verschwunden. Geld nimmt er nie. Was er sich wünscht ist Wohlwollen.

Es gibt in seiner Sicht auch böse Geister, nicht nur Ahnen, die Zuwendung brauchen, um höher zu kommen. Mit diesen muss er kämpfen. Selbst beim Gebet kann er den Armen Seelen sagen, dass auch er etwas dafür will. Etwa so:

«Ihr plagt Frau Meier, weil ihr weiterkommen wollt, eine Stufe höher. Ich bete für euch, einverstanden! Aber dafür lässt mir, bitte, Frau Meier los.»

Er erklärt, dass er nicht nur einseitig ins Nichts bete. Ich sage immer wieder: «Dafür will auch ich etwas! Einverstanden!»

Einmal war seine Hand fast gelähmt. Eine Arme Seele wollte Gebet.

«Gut, habe ich ihr gesagt, ich lass die Messe lesen, aber du gibst mir wieder die Kraft, dass ich meine Hand wieder heben kann. Haben wir uns verstanden?»

Am anderen Tag konnte er die Hand wieder heben. Die Arme Seele meldete sich nicht mehr.

Seine Frau war schwer krank und musste eine sehr genaue Diät einhalten; darüber lächelten moderne Ärzte immer wieder. Fast monatlich einmal befand sie sich für ein paar Tage im Spital. Unerfahrene Ärzte nahmen bestimmte Essregeln nicht sehr ernst. und gaben ihr wohl bewusst Lösungen oder verdünnte Nahrungsmittel, die chemisch als das Gleiche erschienen. Mehrere Male kam es zum Kollaps. Von da an pendelte Franz das Essen seiner kranken Frau aus. Er pendelte liebevoll für sie jedes Gericht, ob es ihr verträglich oder nicht sei. Einmal musste sie unverhofft ins Spital. Franz meldete dem Arzt die delikate Esslage seiner Frau. Dieser lachte bloss, glaubte es natürlich nicht und antwortete:

«Wir werden wohl wissen, was wir im Spital tun.»

Am nächsten Tag meldete der Arzt Franz, dass seine Frau zusammengebrochen sei. Franz kam ins Spital und pendelte über dem Magen der Frau und stellte fest, dass man ihr etwas zu essen gegeben hatte, was für sie total unverträglich war. Derselbe Arzt liess die bereit gestellten Medikamente von Franz pendeln. Er hatte extra ein falsches hinzu gelegt. Das

Pendel von Franz schlug sofort über dem betreffenden Medikament (einer intravenösen Flüssigkeit) vehement aus. Er kann mehrere ähnliche Fälle aufzählen, tut es jedoch sehr ungern.

«Ich weiss, was angebracht ist und was nicht. Mein Pendel sagt es mir. Aber wir beiden kennen auch unsere Grenzen.»

Eines Nachts erschreckte er mich sehr. Er rief an und teilte mir mit, ob ich wisse, dass mein Freund (Franz kannte ihn nicht) schwer krank sei und wohl morgen sterben werde. Er wäre froh, wenn ich ihn nochmals aufsuchen würde. Ich war baff. Konnte ich auf einen solchen Anruf hin einfach einen Besuch machen? Ich bin in solchen Lagen sehr gehemmt. Ich rief – es war mein Kompromiss – an. Der Freund sagte kurz und bündig:

«Al, jetzt kann ich ruhig sterben. Jetzt weiss ich, dass unser Band weiter existiert. Man sagt mir, dass ich bald sterben werde. Ich bin froh. Die Schmerzen sind grausam, und dafür muss ich nicht auf dieser Welt sein. Aber was zählt, ist diese freundschaftliche Verbundenheit.»

Er starb am nächsten Tag.

Ich rief Franz an, wie er eigentlich etwas von der Lage meines Freundes wissen konnte. Seine schlichte Antwort:

«Ich bete für dich und sah, dass irgend etwas Schweres mit tiefer Trauer auf dich zukommt. Da griff ich zum Pendel, und dieses wies auf einen sehr treuen Freund von dir hin. Mir war alles klar und so rief ich dich an.»

Noch immer kann ich es kaum fassen, dass ein so verschlossener und unbeholfener Mensch aus dem einst so abgeschlossenen Entlebuch nicht nur so weit kommen konnte, sondern auch viel mehr Einsicht als viele andere haben kann. Ich sagte es bereits: einst dachte ich, Franz sei ein Flegel, aber scheinbar hat das Pendel ihn zu einem Entlebucher Mystiker gemacht.

Für immer

Er war ein Kleinbauer mit einer sehr grossen Familie. Er war kein Zuzüger; er lebte hier bestimmt schon so lange wie alle andern Bauern. Er hatte es bloss nie zu etwas gebracht; sein Schicksal und Pech waren seine Armut und die Kleinheit des Hofs.

Haus und Hof standen wie ein Mahnmal vor einem *Abriss* in die Tiefe; sie standen auf Messers Schneide. Wenn man in der Vorratskammer hinter der Küche durchs Guckfenster einen Gegenstand warf, dann schlug er mit einem dumpfen Ton in der Tiefe auf. Die Vorstellung soll immer der Alptraum der Kinder gewesen sein: Im Traum durch die hintere Wand hindurchgehen und über den Abhang in die Hölle fallen. Im Nachhinein kommt mir das eigenartige Haus wie ein von aussen besonders gepflegtes *Schiishüüseli*, direkt über den Abgrund gesetzt, vor. Und ich kann es heute noch nicht fassen, dass jemand so gebaut haben konnte.

Das Ganze erschien nicht nur als Fallgrube, sondern es war eher ein Friedhof aus alter Zeit, den man in den Köpfen der Menschen ausgelöscht und vergessen hatte. Im Hinterhof standen Haselnussstauden, Holundersträucher, Taubnesseln auf der einen Seite, auf der anderen, wo ein Dachkännel in ein Rohr mündete, damit das Wasser nicht willkürlich in die Tiefe floss, gab es Moos und Brennnesseln.

Wenn man von der Hauptstrasse her zum Haus kam, sah man alle Fenster der Sonnenseite mit Geranien geschmückt. Zwischen Haus und Hof, die zwar zusammengebaut waren, zog sich Efeu in die Höhe. Die Strasse führte nicht direkt auf dieses Kleingehöft zu. Warum auch? War doch unwichtig. Die letzten 100 Meter gab es einen Fussweg, der fast rechtwinklig vom Haupthof weiter hinten abbog. Wer auf dieses sonderbare Haus zulief, musste einen Umweg nehmen. Früher war es sogar unmöglich, mit dem Fahrrad direkt hinzufahren. Man stiess das Velo meist in den tiefen Karrgeleisen oder liess es unter dem letzten Baum stehen, bevor man zu Fuss weiterging, zum Hexenhäuschen im Märchen. – Etwas Magisches und *Gfürchiges*. Wer konnte da bloss wohnen?

Das Gehöft war – und das war für uns das einzig Faszinierende daran – ein Aussichtspunkt. Im Sommer kamen an Sonntagen oft Leute auf dem Spaziergang vorbei und blieben weiter unten an der Kante des Abhangs stehen, um von dort ins Mittelland hinauszuschauen und die verschiedenen Orte, Dörfer, Kirchen und Gehöfte zu betrachten. Wenn es ganz klar war, und wenn die Luft und der Wind günstig waren, sah man weit, weit ins Land hinaus.

Für alle Leute in der Umgebung war es das «arme Hüüsli», und stets blieb es ein Haus für Arme. Selbst wir, die wohl genauso arm waren, schauten auf dieses Gehöft mit Argwohn und wollten schon als Kinder nichts damit zu tun haben. «Dort wohnen die Armen!» sagten wir. Als einmal jemand sagte: «Das ist das schönste Gebäude der Gegend», gaben wir unverschämt zurück: «Aber dort wohnen die Ärmsten dieser Gegend.» Wir nannten sie nicht Nachbarn, bloss «die Armen». Die Gemeinde hatte sogar angeordnet, dass der Nachbarbauer an seiner Grenze zu diesem Hof einen Zaun ziehe, und das tat er selbstverständlich, ohne Fragen und Murren; eigentlich war er darüber froh und wunderte sich, warum er es nicht schon früher von sich aus getan hatte.

Für uns war der dort drüben gar kein Bauer, höchstens ein komisches Überbleibsel der Vergangenheit. Ein nach einer Fasnacht zurückgelassenes Kostüm, oder ein nach einem Sturm übrig gebliebenes Wrack – so wie das auf dem Bild, welches bei uns in der Stube hing.

Und die Kinder? Wir alle schnitten sie. Sie kamen vom «Abfallhüüsli» – so hatten wir unter uns den Hof getauft. Den richtigen Namen weiss ich bis heute nicht: einfach *s'Abfall-hüüsli* oder *s'Armehüüsli*.

Der Bauer auf diesem Kleinhof krampfte und krüppelte. Alle kannten ihn deswegen, doch sie schätzten es nicht, denn bei ihm war das «etwas anderes» – wohl ein bisschen ungeheuerlich, da er Fortschritte machte. Ihm gelang viel, und er verbesserte sich laufend. So kam selbst bei den Grossen der Gegend der Neid auf: «Unvorstellbar».

Die Gemeinde bestand aus zwölf stattlichen Bauernhöfen. Damals waren das noch Grosshöfe mit 40, 50, 60 Jucharten. Und dieser Kleinbauer? Lächerliche 6 Jucharten; dazu kam etwas Wald. Jedes Jahr wurde ein Kind geboren. «Wie macht der das nur?» fragten sich die Leute in der Umgebung. Die Frage war eine Anklage und die Angst, eines Tages müsse die Gemeinde Schulden und Kinder übernehmen. Der einzige Pluspunkt war die Hausfrau, die aus einer respektablen Grossbauernfamilie im Hinterland stammte.

Zu Hause besorgten Mutter und Kinder Haushalt und Hof, und er ging als Maurer auf den Bau, damals, als Bauern das noch nicht taten. Kurz vor Ende des Krieges begann der Mann selbst mit Bauernhofreparaturen und später gar mit Bauten von Schuppen und Scheunen, Ausbau von Kellern, Hühner- oder Schweineställen. Er war kein Ausbeuter; er machte es billig; dafür holten ihn alle gern, hier schnitt ihn niemand, denn günstiger war keiner. Es war einzigartig, mit ihm zusammenzuarbeiten. Keine Reklamationen, zu Hause ging es gut, denn die ganze Familie war extrem sparsam, und so – wie wir es alle in der Schule lernten – brachten sie es langsam zu etwas. Sofort kam bei Nachbarn der Neid auf. Irgend etwas konnte nicht stimmen. Lag etwa ein teuflischer Fluch auf dem kleinen Hof? Befand sich hinter dem Haus doch eine Grube böser Geister?

Ich muss anfügen, dass der Kleinhof dem Bauern gar nicht gehörte, sondern einem der angesehensten Luzerner, der einst mit fremden Kriegsdiensten reich wurde. Eines Tages vernahm der Kleinbauer, dass der Besitzer diesen «blöden Schlitz» – ein anderer Name für den Kleinbetrieb – verkaufen wollte. Dann nahm der Pächter sein Herz in die Hände, ging hin und fragte den besseren Herrn, ob der ihm das Gütchen verkaufe, schliesslich lebten bereits vier Generationen seiner Familie auf diesem Land. Da lachte der Grosse bloss beleidigend und fügte bei: «Selbst wenn du mir das Geld, was kaum der Fall ist, sofort auf den Tisch legen könntest, dir, nein, dir würde ich es nie verkaufen. Ganz bestimmt nicht – niemals!»

Der Abgrundbauer war nicht nur ein Krampfer, sondern auch ein kluger Kopf. Ein Kleinbauer in unserer Gegend, so hiess es einst, überlebt nur, wenn er trickreich ist. Er schob einen Bekannten vor, und dieser tätigte den Handel – so hiess es später – in seinem Namen, bis der Grosse nicht mehr zurückkrebsen konnte und den Deal über sich ergehen lassen musste. Keiner gratulierte ihm.

Es gab bald Probleme mit der Genossenschaftskäserei. Die 12 Grossbauern wollten keinen Kleinen als Teilhaber. Obwohl er natürlich die Milch schon vorher in diese Käserei geliefert hatte, war nun alles ganz, ganz anders. Niemand wollte ihn als Selbständigen und vollwertiges Genossenschaftsmitglied. Er solle doch in die Nachbargemeinde gehen, hiess es gar.

Der Kleine meinte, alles hänge am Geld. Er selbst glaubte nicht an Geld; er wollte Anerkennung, Würde und Respekt. Bei den Grossen, nahm er an – und das war eine Selbsttäuschung – ginge alles nur um Geld. So löste er die Käsereifrage, indem er alle Schulden übernahm. Danach liess man ihn als Genossenschafter zu, aber niemand gratulierte, niemand zeigte Freude. Er war ein Aufsteiger, den die anderen zwölf Bauern verachteten. Er bedrohte die alte Gemeindeordnung. Zu den Zwölfen passte kein Dreizehnter. Die Zahl allein schon kündigte Unglück an. Dann gab es noch eine weitere alte Regel: jede Bauerngemeinde sollte ihren armen Bauern haben. Und den sollte die Bauerngemeinde verlieren?

Es gab in der Gemeinde noch einen anderen Kleinen, ebenfalls Armen, und wir waren die Kinder von diesem. Eigenartig war, dass ein Teil unseres Kleinhofs in der Nachbargemeinde lag. Einen Zusammenschluss zwischen den zwei Kleinbauern gab es nicht. Sonderbar, auch wir verachteten ihn, und wir wollten stets auf der Seite der 12 Grossen stehen. Auch für uns störte er die Ordnung, weil er nicht arm bleiben wollte, obwohl mein Vater heimlich das selbe versuchte und sich auch einen Nebenverdienst suchte. Doch jener war der Streber, Vater der Stille, der Gottes Ordnung annahm.

Als der Krampfer das kleine Gehöft in Besitz hatte, sagte er stolz: «Das behalte ich für immer!» Und: «Nun bin ich mein eigener Chef – für immer!»

Bei einer Gant, den beliebt-berühmten Bauernsteigerungen, kaufte er sich das grösste Mostfass, das es im Kanton Luzern gab. Er liess es auf sein Höfchen fahren und stellte es auf den Platz, von wo man weit ins Flachland hinaussehen konnte – unterhalb vom Hof, am schönsten Ort, der zum Geniessen gemacht schien und wo alle Familienmitglieder im Sommer gerne sassen und wie wild jassten. Das Fass war ein Zufluchtsort, wenn es regnete. Darin waren auch Getränke gelagert und selbstverständlich ein paar Krapfen sowie stets etwas zum Knabbern, und natürlich verschiedene Hartkäse, jederzeit ein gutes z'Fünfi, später kam gar ein Kühlschrank hinzu. Für die Familie wurde es ein Paradies. Als er das grosse Mostfass aufstellte und einrichtete, sagte er immer wieder: «Das bleibt hier – für immer!»

Aber auch da gab es Zoff, und zwar wegen der Schweizerfahne. Die anderen Bauern wollten nicht, dass auf dem Fass eine Schweizerfahne wehte. Monatelang ging es gereizt hin und her, bis an einem Sonntag einer der Buben mit der Fahne in der einen Hand auf die Fichte nebenan kletterte und die

Fahne zuoberst mit einer Schnur und sogar mit Draht festmachte. Das war eine Provokation. Der Bauer sagte vor sich hin – er wusste, dass ihm keiner von der Gemeinde etwas sagen würde – : «Wenn ihr wollt, holt sie euch selbst herunter. Doch denkt daran, es ist auf meinem Gelände.» Als nichts geschah, machte er wieder einmal seine trockene Bemerkung: «Die bleibt dort – für immer!» Doch schon im Herbst, als es vor dem Schneien so kräftig über die Kante hinweg stürmte, riss der Wind das Tuch mit sich.

Unser Bauer zeigte keine Ansätze zu Grössenwahn, wie so viele andere in solchen Umständen ihn langsam wie eine Krankheit bekommen. Er gab sich schlicht, protzte nicht, gab sich zufrieden, sagte sehr gerne und immer wieder: «Für immer!»

Es ging ihm gut. Er klagte nicht. Er war bereit, dafür etwas herzugeben. Als alle Bauern jammerten, wie so Bauern immer jammern, wenn es zu Steuern kommt und Hagel- und Unwetterkatastrophen von Versicherungen eingeschätzt werden müssen, legte er einfach eines Tages das ganze scheinbar benötigte Geld für die Gemeinde dem Gemeindeschreiber auf den Tisch und sagte: «Hör endlich auf zu jammern!» Eine Quittung bekam er nicht.

Genau diese Grosszügigkeit war es, was die andern Bauern wütend machte.

«Er hält die Bauernordnung nicht ein», hiess es.

«Warum?» fragte er einmal keck. Ebenso klar kam die Antwort daher:

«Du jammerst nicht und so verrätst du uns, weil das heissen könnte, uns geht es besser, und wir sind reicher als wir behaupten.»

Er verriet also die Bauernkultur. Damit waren sie ihm schon früher gekommen, als er das Maurerhandwerk begann und sie ihm vorwarfen, damit schleiche die Stadt aufs Land hinaus. Handwerk und Bauern vertrügen sich einfach nicht, meinten die zwölf Bauern.

Das Vorgehen wiederholte sich. Nie bat er um ein Amt; nichts wollte er für sein Geld, keine Privilegien, nur die gleiche Chance wie die anderen Bauern in der Gemeinde. Er sagte ungeniert: «Ich war mausarm, und nun geht es mir gut, warum soll ich mich nicht daran freuen.» Diese Bauern waren so geizig, aber auch verschlagen, dass sie seine Spende auf alle Gemeindeaufgaben verteilten, ohne das Ganze als Steuergeld zu erklären. Und da er keine Forderungen stellte, begannen sie, ihn zu betrügen. Ohne eine Beglaubigung zahlte er die Steuern für alle; der Rest der Bauern war also steuerfrei. Je mehr er gab, desto mehr wollten sie. Er sollte hier stiften und dort Geld geben. Nie tauchte sein Names auf, alles geschah im Namen der Gemeinde und ihrer guten Verwaltung. Zwar wurde er wütend, kümmerte sich jedoch wenig und dachte gar nicht daran, dass er Opfer schweren Betrugs werden würde. Nie hat er auch nur leise mit Rache gedroht. Bald war er zudem mit seinem Baugeschäft der grösste Arbeitgeber in der Gemeinde, und diese selbst stand vor dem Kanton sehr gut, ja vorbildlich gar, da.

Im offiziellen Register der Gemeinde soll der einst arme Bauer wie eh und je figuriert haben: als arm und Nichtsnutz. Der Gemeinderat hatte keine Korrektur vorgenommen. Für den Gemeindeschreiber kam das Geld von irgendwoher, aber nicht von ihm. So hiess es denn nach seinem Tod, er hätte die Steuern nicht bezahlt und daher hinterzogen.

Er wollte weg vom *Armehüüsli* und seiner Familie ein grosses und geräumiges Haus bauen. Nicht am Abhang, nein, draussen im Flachen. Hierfür musste ihm jemand Land verkaufen. Alle waren bereit, denn sie wussten, er würde jeden Preis bezahlen. Der Kaufpreis war denn auch wuchrig hoch. Er zahlte ihn einfach und baute sein eigenes Haus – «eines für immer!».

Auch wenn hier viel gejasst, gefeiert, geplant und gedacht, Feste wirklich gefeiert wurden, das Glück zog nicht mit um. Das grosse Haus blieb Beton, Stein, Stahl und Aluminium. Selbst die Blumen auf den neuen Fenstersimsen schienen zu frieren. Einmal kam ein Wasserschmecker vorbei, trank einen Kaffee Schnaps und sagte fast nebenbei zum Bauern: «Du hast exakt über Wasseradern gebaut. Das ist nicht gut. Da lebst du nicht ewig.»

Es war tatsächlich kein Haus des Glücks. Alle in der Familie versuchten wohl das Beste. Das stereotype «für immer» hielt nicht lange an.

Die neue Lage wurde schrittweise tragisch. Mit der Zeit begannen selbst die Grossbauern äusserlich gesehen etwas Mitleid mit ihm zu haben, obwohl es hämische Schadenfreude war. Für sie war er der beste Beweis, dass sich Ordnungen nicht leicht verändern lassen und – noch wichtiger für sie – Stadt- und Unternehmergeist auf dem Land nichts zu suchen haben. Der Randbauer hat etwas getan, was nie und nimmer getan werden darf; er hatte ins «Gesetz, das so bleibt wie immer» eingegriffen.

Der aktive Kleinbauer und Kleinunternehmer begann immer wieder etwas Neues und gründete verschiedene Unternehmen. Überall hiess es von ihm: «Er ist ein echter Krampfer; er arbeitet für vier.» Oder: «Er probiert alles aus. Der muss ein Amerikaner sein!»

So wurde sein «für immer» mehr und mehr zum Momentanen.

Eines Tages, wie vom Blitz getroffen, bekam er Krebs. Er stellte etwas Sonderbares an seinem Körper fest und ging zum Arzt. Dieser sagte nach kurzer Zeit der Analyse: «Das sind Zeichen von Krebs.» Nichts und niemand konnte ihn heilen. Als dieser Krebs entdeckt wurde, war er so fortgeschritten, dass jede Heilung unmöglich war. Fast innerhalb eines Monats starb er – man kann dem wirklich so sagen – mitten aus der

Arbeit und seiner grossen Hoffnung «für immer» heraus. Es war sehr traurig für Frau und Kinder. Er wurde ehrenvoll begraben, dort, wo seit zwei Jahrhunderten schon die Verwandten zur Ruhe für immer beigesetzt wurden.

Alles endete nicht nur sehr rasch und tragisch, ein «verdammtes» Los ging an Frau und Kinder weiter. Die Gemeinde stahl ihnen ihr Erbe, indem sie alles noch vorhandene Geld zur Deckung der Steuerschulden einzog. Es kam zu Erbenstreit. Eine neue Farce. Der zugeteilte Anwalt stand auf der Seite der Gemeinde. Niemand von der Familie wollte mehr bleiben. Alle zogen weg, wie sie alle betonten: «Für immer!»

Nicht einmal sein Grab blieb lange. Die Kirchgemeinde war zu einer Renovation des Friedhofes gezwungen. Da in der Zwischenzeit alle Kinder weggezogen und schon fast 15 Jahre seit seiner Beerdigung vergangen waren, wurde, da kein Einspruch kam, auch sein Grab aufgehoben und die Gebeine symbolisch in ein Grab der Gemeinde gelegt. Also war er da auf einmal mit denen zusammen, die ihn um alles in der Welt nie wahrhaben und wirklich wollten. Auf seinem Grabstein war eine Inschrift eingemeisselt, die hiess: «Ruhe in Frieden – für immer.»

Heute finden Sie nichts mehr. Der Sturm «Lothar» hat selbst das *Armehüüsli* mitgerissen und in alle Winde zerstreut.

Der Stumme

Er sei taubstumm, sagten die Erwachsenen uns Kindern. Alle nannten ihn nur *de Stumm*.

Manchmal meinten wir Kinder, dass *de Stumm* uns anspreche und uns verstünde. Klipp und klar hiess es jedoch: «Der Künzli ist stumm und taub. Ihr könnt nur über Zeichen mit ihm reden.»

Wir nannten ihn dennoch, nicht ganz logisch, auch *de Stumm*. Es konnte ihm – so dachten wir – egal sein, wie wir ihn nannten, denn er war doch taub und stumm.

Komisch waren diese Erwachsenen schon. Sie taten so, als ob ein Taubstummer ein Verbrecher wäre, und deshalb sollten sich alle vor ihm auf Distanz halten.

Aber ein Taubstummer galt nicht einfach als ein Verbrecher, nein, er war ein Sexualverbrecher. Selbst wenn ein solcher Mensch nichts auf dem Kerbholz hatte, wurde mit Bestimmtheit angenommen, dass es eines Tages zu sexuellen Verbrechen kommen könnte.

Als nach dem Tode meiner Mutter beim Aufräumen ein Notizbuch von mir an den Tag kam, standen darin Gedanken, die niemand einem Kind zumutet. Aber ich liebte es schon in der Jugend zu philosophieren, Fragen aufzuwerfen oder ein bisschen zu spinnen, wie das genannt wurde. Für mich ist es deshalb nicht ein Tagebuch, sondern so, wie das inzwischen bräunlich und zerbrechlich gewordene Heft auch hiess: «Gedanken nachgehen».

Ein paar Ausschnitte:

«Ich fragte Vater, warum Taubstumme gefährlich seien? Vater antwortete verlegen: «Weil sie eher eine tierische Sexualität hätten». Ich spürte sofort, dass Vater vermeiden wollte, dass ich weiterfragte. Warum sollen sie wie Tiere sein? Weil sie nichts sagen und hören können? Sie können niemals sagen:

«Ich liebe dich.» Und wenn solches jemand einer taubstummen Person sagte, konnte sie es nicht hören.»

De Stumm war ein ausgezeichneter Karrer. Die zwei Pferde gehorchten ihm problemlos, also ohne dass er *Hüscht* und *Hot* rufen musste. Es gab – wie sonst meist bei Rossknechten üblich – kein Fluchen.

De Stumm konnte nach meiner kindlichen Vorstellung nicht fluchen und hatte daher ein Gebot weniger zu befolgen. Ja, musste *de Stumm* eigentlich beichten gehen? Kann ein Tier sündigen?

Als Jugendlicher hatte ich noch andere Fragen gestellt.

Wie war das eigentlich insgesamt mit seinem Glauben? Uns wurde doch im Katechismus gelehrt, dass der Glaube übers Hören käme. Konnte er beten? Bei uns hiess es stets, wir sollten laut und deutlich beten.

Er konnte nach unserer Überzeugung keine Predigt hören, und deshalb war er doch kein Gläubiger.

Manchmal fragte ich mich, ob er nicht alles spiele. Aber warum sollte er? War es nicht sehr traurig, wenn es wahr wäre, dass er nichts hörte und dazu erst noch nichts zu sagen hatte? Aber hätte er denn etwas zu sagen gehabt, wenn er hätte sprechen können? Viele Knechte stotterten, und vielleicht ging *de Stumm* etwas weiter und schwieg. Hatten Knechte nicht ohnehin zu schweigen?

Manchmal beginnt selbst ein Kind zu philosophieren, auch wenn das niemand so nennt. Es denkt auf seine Weise nach. Das mit dem Stummen war schon eigenartig. Hatte er lichte Momente, in denen das Gehör für kurze Zeit zurückkam? Dass er nicht reden konnte, war uns allen klar, denn nie hatte ihn jemand reden gehört. Es war stets nur ein Herauswürgen von Tönen. Man konnte es nicht einmal Stammeln und noch weniger Stottern nennen. Das mit dem Hören blieb unsicher und war mir geheimnisvoll.

Uns Kindern wurde die Geschichte eines Knechtes nie erzählt – es wurde auch nicht über ihn geredet. Er war eines Tages da, und er heisse, so sagten die Eltern, *De Stumm* oder *Chüenzli*. So wussten wir von ihm auch den Geschlechtsnamen. Das schon war ausserordentlich: Er war also auch *de Chüenzli*. Aber das war zweierlei. Als *Chüenzli* kam er von einer Familie und einem Ort her; als *de Stumm* war er selbst für uns Kinder ein Katechismus-Wesen. Warum er zu Muffs gekommen war, und warum er zu Hause weggehen hatte müssen, davon hatten wir keine Ahnung, und danach fragten wir auch nie. Auch Kinder spüren, was tabu ist.

Wir Kinder dachten mehr als die Erwachsenen je meinten, und wir machten uns Gedanken und glaubten, dass ein Taubstummer nicht heiraten konnte. Er konnte ja niemals sagen: «Ich liebe dich», und er hätte niemals einen Wunsch oder Befehl hören können, und so verstanden wir, musste er die Wünsche vom Gesicht ablesen.

De Chüenzli war eines Tages zu Muffs, unserem Nachbarn gekommen. Er wurde Rossknecht. Denn während der Woche war ein Pferd ein Ross, das auf dem Feld oder im Wald krampfen musste, am Wagen angespannt war, Pflug oder Egge ziehen, Holz aus dem Wald schleppen und natürlich morgens und abends mit dem Milchwagen die Kuhmilch in die Käserei in Mittelarig fahren musste. Der Stumme war eine Kombination zwischen einem Karrer und einem Knecht; der Bauer konnte ihn also überall einsetzen. Nicht nur als Christ, sondern auch als Knecht galt der Stumme als Zwischenwesen.

Ab und zu kam uns *de Stumm* faul oder einfach unbeholfen vor. Ich glaube, er hatte ein ausgeklügeltes System entwickelt, wie er sich vor Arbeiten, die er nicht mochte, drücken konnte: Dann verstand er plötzlich weniger, als er ohnehin schon verstand. Oder er tat auf einmal das Gegenteil. Es muss für Muff Toni, den Meister, in solchen Momenten wirklich zum Verzweifeln gewesen sein: Er brauchte so lange zum Erklären oder zum Forcieren, dass Muff Toni die Arbeit besser gleich selber tat.

Mit uns Kindern war der Stumme sehr umgänglich. Wann immer wir bei Muffs Kartoffeln auflasen oder Gras worbten, schien er anders zu handeln. Daher kam mein Verdacht, er könne nicht so taub sein und mehr verstehen, als wir alle meinten. Wahrscheinlich hatte er sich seine Welt geschaffen und, so wie andere ihre Grenzen verteidigen, verteidigte er seine.

Wir Kinder bekamen weitere Zweifel, weil vieles nicht logisch war. Warum sollte am Sonntag *de Stumm* zur Predigt gehen? Mutter meinte, dass man auch während der Predigt beten könne, und dass es *de Stumm* leichter als andere hätte; denn er werde, weil er taub sei, durch nichts gestört. War eigentlich das Beten in der Kirche etwas anderes als zu Hause, oder war es kostbarer als ausserhalb der Kirche?

De Stumm war ein steter Anlass zu vielen Glaubensfragen. Wir alle, besonders aber ich, hatten immer wieder Fragen, weil manches mit dem in der *Kinderlehre* – so nannten wir den katholischen Religionsunterricht – Gelernten nicht übereinstimmte. Ich hatte das Vertrauen in die Erwachsenen verloren, denn auf meine Fragen gaben sie blöde Antworten, weil sie wahrscheinlich meinten, Kinder verstünden nichts und sollten nicht zu viel fragen. Ich habe diese Fragen vor lauter Kummer in mein jugendtheologlogisches Werk geschrieben. Antwort bekam ich von Mitmenschen nie. Selbst am Gymnasium waren alle abweisend, weil alle sofort annahmen, die Fragen führten in den sexuellen Bereich. Da gab es also die Fragen wegen des Heiratens oder des Kirchenbesuchs, wegen des Wirklichen und des Fingierten.

Den meisten Erwachsenen war *de Stumm*, sobald er nicht an seiner klar zugeteilten Arbeit war, ungeheuerlich und wohl ein Anlass zur Angst. Er lag nicht im Bereich des Normalen, und dazu kam eine tief innerliche Angst vor ungezügelter und animalischer Sexualität. Alles, was nicht normal war, ging über in Sexualität, und darüber wollte und durfte man nicht sprechen – vielleicht deshalb, weil der Stumme ein Abbild ihrer eigenen Verklemmtheit war. Er musste jedoch schweigen; sie schwiegen zwar auch, aber dies wurde eine verlogene Verschwiegenheit.

Es hiess, er sei kurze Zeit in Hohenrain gewesen. Wir wussten, dass es dort eine Taubstummenschule, das heisst, eine Schule für Sprechbehinderte und Gehörgeschädigte gab. Es hiess auch, *de Stumm* sei ziemlich bald entlassen worden, weil er als ein hoffnungsloser Fall angesehen wurde; die Leitung meinte, für Bauernknecht würde es reichen. Und was tat und wollte seine Familie; denn die musste es geben, schliesslich hiess er *Chüenzli*. Über seine eventuelle Familie wurde nie geredet und schon gar nicht spekuliert. Aus dem *Chüenzli* war nun zwischen Gott und Menschen einfach der etwas tierische *Stumm* geworden.

Damals waren alle überzeugt, dass stumme Menschen sexuell gefährlich seien. Weil sie nicht hören könnten, sei es für die Kirche unmöglich, sie im Zaum zu halten.

Wann und wo immer ein Fall von Kindsbelästigung geschah, gingen die Leute alle Taubstummen der engen und weiteren Umgebung durch; jene gerieten dann jeder einzelne unter Verdacht.

In meinen Notizen finde ich einen eigenartigen Satz: «Was tun denn die Missionare, die von den Einheimischen nicht verstanden werden? Ist etwa *de Stumm* am falschen Ort geboren worden? Gehört er vielleicht nach Afrika?» Dann folgt ein unglaublicher Satz: «Ist *de Stumm* in die falsche Welt geboren worden? Vielleicht versteht er nur unsere Sprache nicht. Und angenommen, er kommt von einer anderen Sprache her, niemand würde das verstehen, also kommt es aufs gleiche hinaus, ob er schweigt oder stammelt.»

War also der Pferdestall für ihn eine Zwischenwelt? Und weiter: «Welche Macht hat Gott in solchen Zwischenwelten?

Sind das Gebiete, die halb Gott und halb dem Teufel gehören?»

Sehr eigenartig kam uns Kindern die Warnung der Eltern vor: «Die Mädchen sollen ihm ja nie zu nahe kommen», und «sie sollen vor ihm ganz besonders aufpassen». So arg ernst nahmen wir dies allerdings nicht; «solches» wurde ja stets nur gesagt. Es gehörte zum Leben wie die Warnung vor Gift oder unbekannten Medikamenten.

Am Sonntag Nachmittag spielte der Stumme gerne mit uns Kindern. Er machte auch beim Versteckspiel mit. Im Völkerball war er stark und gut. Die Partei, die ihn hatte, gewann. Den Erwachsenen gefielen diese Spiele überhaupt nicht.

Eigentlich hätte er lieber mit Erwachsenen gejasst. Er deutete immer wieder an: «Ich gern jassen.» Aber wo hatte er denn Möglichkeiten?

Unsere Eltern sahen die Sonntagsspiele ihrer Kinder mit dem *Stumm* nicht gerne. Es machte sie nervös. Sie sagten es uns nicht, aber wir Kinder merkten sofort, wenn eine Kommunikation nicht stimmte. Immer wenn die Eltern sich merkwürdig verhielten, wussten wir, dass es ums 6. Gebot ging. Um uns Buben hatte niemand Angst. Doch den Mädchen könnte etwas geschehen; die waren, so glaubten alle, den Gefahren besonders ausgesetzt, und sie seien doch unbeholfen und meist hilflos.

Eines Tages ging unter den Erwachsenen in der Roth ein sonderbares Getuschel um. Es hiess etwas von der Belästigung eines Mädchens oder einer Frau. Nichts Konkretes. Wer denn? Kein Name wurde genannt. Aber es konnte doch nichts Schlimmes sein, alle Mädchen waren gestern und heute in der Schule. Krank war niemand, verwundet war niemand. Einen Bluterguss wegen einer Schlägerei sahen wir nicht. Was meinten die Erwachsenen?

Bald redete niemand mehr über diese so geheimnisvoll behandelte Sache. Unter den Schülern wussten wir eigentlich alles. Natürlich nicht direkt, aber Ida sagte es Julia, Julia gab es als Geheimnis an Franziska weiter, und von da ging das Geheimnis an einen der Buben, meist an Sidlers Sepp, der, warum wusste niemand, alles in Händen hielt. Diesmal flossen keine Nachrichten – selbst zu ihm nicht. Die übliche Frage ging um: »Weisst du etwas?» Und alle antworteten: «Nein.» Also konnte doch nichts sein. Oder doch? Warum hatten sich die Erwachsenen damals um das Ganze so merkwürdig benommen? Normalerweise kriegten wir alles innerhalb eines oder höchstens zwei Tagen heraus. Doch diesmal: Nichts. Wir ahnten, dass es etwas Unübliches sein musste.

Aber es betraf niemanden von uns Kindern; das war sicher. In solchen Momenten dachten wir ganz selbstverständlich an Sexualität, und die betraf Erwachsene.

Hatte *de Stumm* vielleicht eine Annäherung an Hubers Magd, jemand Auswärtigen, versucht? Ja, so musste das wohl gewesen sein. Aber wie geht jemand, der taubstumm ist *z'Chilt*, also auf Brautsuche? Wer nichts sagen kann, der muss berühren. Die Berührung war jedoch bei uns schwere Sünde: so stand es unter dem sechsten Gebot im Beichtspiegel des *Laudate*, das war das offizielle Diözesangebet- und -gesangbuch.

Wann hätte *de Chüenzli* Hubers Magd berühren sollen? Oder war es eine andere Magd aus der Umgebung? Von den Bauersfrauen kam keine in Frage; das war selbst für uns Kinder sonnenklar. Eine Bauersfrau! Nur schon an so etwas Infames zu denken, hätte bestimmt gebeichtet werden müssen. Es kam – so war die Logik jener Welt von damals – nur eine Magd in Frage. Ja, wenn schon, dann musste es «eine» sein, die auswärts arbeiten oder aushelfen ging.

Es gab da noch eine andere Möglichkeit. War er auf dem Heimweg auf dem Weg heim vom sonntäglichen Gottesdienst vom Velo gestiegen? Wie jedoch hätte sich dies abgespielt, denn jeder und jede fuhren zusammen fast im Wettbewerb.

Und wen hätte er um die Zeit auf der Strecke treffen wollen? Ohne Sprache hätte er doch mit niemandem eine Abmachung treffen können.

War das alles nicht egal? Es blieb doch nur die Frage: Wie zeigt ein Taubstummer seine Liebe?

Mehr Rätsel gab mir das Verhalten der Erwachsenen auf. Warum wurden die Mädchen vor einem Taubstummen gewarnt? Weil er die Abweisung eines Mädchens nicht hören konnte? Weil er nicht durch ein Nein erschreckt werden konnte? Weil es da etwa keine Schwelle mehr gab, wenn weder Worte ausgesprochen noch verstanden werden konnten?

Es kam nie an den Tag. Auch nach 8 oder 9 Monaten erschien kein uneheliches Kind in unserer Gegend. Also war die Welt in Ordnung.

Erst später gelangte auf Umwegen zu uns Kindern, dass der Stumme zu Muffs gekommen war, weil seine eigene Familie Angst vor dieser tierischen Sexualität hatte. Die Familie meinte, es sei besser, sie schicke ihn aufs Land hinaus, dorthin, wo es etwas abgelegen sei – er hätte im Dorf eine Gefahr für die Mädchen sein können.

Ein Taubstummer passte aber auch nicht in diese Gegend; er passte nirgends hin. Keine Anstalt wollte ihn, weil er noch viel zu jung und eben eine «sexuelle Gefahr» für die anderen Mitinsassen sei. Keiner zweifelte. Im Dorf eine Gefahr, in der Anstalt eine Gefahr, und bei uns auf dem Land, abgelegen und als Pferdeknecht – das ging zwar, aber eine Gefahr war er dennoch, und immer wieder.

So wurde also *de Chüenzli* an Muffs gegeben, weil diese zu jener Zeit keine Schulkinder mehr hatten. *De Stumm* wurde in die Roth versorgt, wie es früher hiess. Heute nennen es einige zynisch «abgeschoben». Nach dem *Stumm* kamen später andere Zwischenwesen aus der Ferne.

Einige behaupteten später, sie hätten den Stummen ganz gut verstanden, wenn er mit aller Kraft etwas auszudrücken versucht hatte und seinen Kropf leeren musste – fast Wort für Wort; man hätte es von seinen Lippen nur ablesen müssen. Hätte man sich bloss mehr Zeit für ihn genommen; er habe sich manchmal sehr böse über seinen Meister-Bauern geäussert. Sein Bauer war nämlich für unsere Gegend etwas sonderlich. Er schnitt das Heu- und Emd-Gras selten gleichzeitig mit den anderen Bauern und war immer im Rückstand; er besass seinen eigenen Rhythmus. *De Stumm* konnte mit seiner Zeichensprache drastische Bemerkungen zu Mensch und Ereignissen machen: es waren Gesten und Laute, die jeder sofort verstand.

Wer sich wirklich auf ihn eingestellt hätte und ihn auch nur ein bisschen verstehen wollte, hätte viel mitbekommen. Aber solches haben wir in unserer Jugend von niemandem gelernt, und vielleicht steckte eine Absicht dahinter. Etwas, das der Mensch nicht versteht, übergeht er leicht. Selbst ein taubstummer Mensch wird wütend. So kam es zum Ausstoss von Lauten wie einer explosiven Sprache, und man meinte, in solchen Momenten sei der Stumme kein Stummer. In solchen Augenblicken konnte der Mensch in seiner Nähe sehr viel verstehen. Was da herausbrach und was man von den Lippen ablesen konnte, waren bittere Kommentare. Er war nicht glücklich; es war ein einsames Leben voller Verdächtigungen und Argwohn. Wenn ihn – was selten geschah – jemand fragte, wie es ihm gehe, zeigte er auf seine Muskeln, und wer wollte, konnte in solchen Augenblicken deutlich von seinen Lippen ablesen: «Ich immer viel arbeiten.»

Er erlitt einen Schlaganfall und kam ins Altersheim Ruswil. Dort musste er sich ein Bein amputieren lassen. Im Spital Wolhusen teilte er kurz vor seinem Tod 1977, fast 80jährig, einem, der selber ein Einzelgänger war, und es gut mit ihm konnte, mit: «Ich immer gut sein wollen. Ich viel arbeiten. Ich aber für böse gehalten. Ich, sagen alle, nie ein Mensch.»

Ein Stück Erinnerung kam zurück, und sogar ein bisschen Humor floss ein, als er mit Zeichen über einen Mitknecht in der Roth stotterte: «Hänsli Söpp nicht gut Velo fahren.» Dann schüttelte er den Kopf und bewegte seine Hände wie ein Velofahrer hin und her – zum letzten Mal, wie um zu sagen: «Mein Hin und Her – zu Ende.»

Hänsli Sepp

Es war Brauch, dass einmal im Jahr, am Weissen Sonntag, dem Tag der Erstkommunion, die Erstkommunikanten und Erstkommunikantinnen und diejenigen, die es ein Jahr zuvor erlebt hatten, aus der Roth mit Ross und Break zur Kirche in Buttisholz gefahren wurden. Den Abhang hinunter, durch den Wald, und statt des Fusswegs den Umweg durch den Jungwald, mit mehreren Kurven, dann quer durch Hodels weites Land, bei der grossen Eiche ein Strassenkreuz, also ein schroffer Kehrrank, den zwei stolzen Bauernhöfen der Schweikhüsern zu, um von dort hinunter ins Dorf und beim Gigeli-Meier, so nannten wir den Organisten, im Rank schwungvoll vorbeizufahren – und von da traben wir auf der Pflasterstrasse geradewegs ins Dorf ein.

Sowohl Sidlers als auch Buchers besassen ein Break und hielten je zwei Pferde; bei beiden war das eine Pferd ein Ackergaul, das andere stolz und chic, um sich im Dorf zeigen zu können. Imfelds, die dritte Familie in der Roth – daher das Bauerndreieck –, mit gleichaltrigen Schulkindern wie Buchers und Sidlers, hatten kein Pferd und wurden jeweils aufgeteilt und mitgenommen. Die drei Familien verstanden sich untereinander gut.

Da jedes Kind laut Brauch einen Kommunionsgespan haben musste, war die Aufteilung leicht. Buchers und Imfelds Kinder mischten sich zu Gespanen. Sidler Wisu, der Pferdemeister, nahm auf dem Break die Pärchen mit, die den Erstkommunionstag schon ein Jahr hinter sich hatten. Bei Buchers fuhr an solchen Tagen stolz auf dem Bock der Vater mit dem Max, obwohl sie einen eigenen Pferdeknecht, den Hänsli Sepp, hatten.

Für Hänsli Sepp war das selbstverständlich, und er konnte darüber nicht böse sein. Dafür stand er zu seinesgleichen, dem

Fritz. Ihm war von Jugend an klar, dass der Bauer selbst ins Dorf fährt. Der Karrer bleibt auf dem Hof. Hänsli Sepp wusste: So war es von alters her, und so würde es bleiben, und selbst wenn Hänsli Sepp betete: «In Ewigkeit. Amen», dachte er genau an das. Es wird so bleiben, wie es ist und es wird immer so sein, in Ewigkeit, Amen.

Der Karrer fuhr bestenfalls mit der Milch täglich zweimal in die Käserei, zur Hütte, wie es bei uns hiess. Aber diese Ausfahrten übernahmen sehr bald Kinder, die nachwuchsen. Das war ungefährlich, weil die Pferde ihren Weg und auch die anderen Käsereigenossen mit Pferd oder Hund kannten. Wie wandernde Mönche liefen die Pferde dahin, den Abhang hinunter, den Hügel hinauf, um den sehr gefährlichen Rank mit einem Tobel, wo ab und zu ein Fahrzeug kippte, falls die Kurve zu rasch und abrupt genommen wurde.

Hänsli Sepp getraute sich kaum ins Dorf Buttisholz, das er nur von seltenen Kirchgängen her kannte. Er ging lieber nach Ruswil. Aber um Ostern herum musste er sich einmal in Buttisholz zeigen, damit alle wussten: auch der Hänsli Sepp hat «Ostern gemacht». Dies konnte man nur in der eigenen Kirchgemeinde machen, der Ausweis war das Gesehenwerden. Dieses Buttisholz war ihm zu fromm und besass einen gestrengen Pfarrer. Ruswil war grösser, man fiel weniger auf und konnte sich besser im Bauch der riesigen Kirche verstecken. Zudem war man da zusammengepresst, genau so wie nachher in der Wirtschaft unter seinesgleichen.

Neben der Buttisholzer Kirche war der *Hirschen*, dort wurden während des Gottesdienstes die Pferde entweder in den Stall oder in die Tenne gestellt. Der Hirschen-Wirt war ein Rösseler und gab während des Krieges Pferdetruppen gerne Einstand. Allen, die mit dem Break zur Kirche kamen, war er bestens gesinnt und stets zu allen hilfreich – schliesslich tranken alle nachher bei ihm.

Hänsli Sepp konnte sich jedoch aus seiner Welt heraus

nicht vorstellen, dass der Wirt ihn als kleinen Rossknecht gleich wie etwa den wohlbetuchten Huber vom Eglisberg behandeln würde. Für Hänsli Sepp waren alle in Buttisholz grosse Leute oder hohe Tiere und zu fromm. Innerlich zitterte er vor Respekt, nein, vor Unbeholfenheit. So wurde er schon beim Gedanken, mit dem Break nach Buttisholz zu fahren, nervös. Nicht dass er das Pferd nicht beherrscht hätte, nein, er war leutescheu, und vor »all diesen Frommen» geriet ihm im Kopf alles durcheinander. Diese Welt war zu gross für ihn, aber auch zu glatt. Er stammte aus einer Gegend, wo alles ins Tobel hinunter abfiel, und wo man einfach hie und da fluchen musste. Wer fromm in diesen Krachen lebte, war ein Heuchler oder ein Einsiedler. Eine solche Gegend zusätzlich mit Menschen macht dich rauh.

Über solches hatte er am Abend zuvor intensiv nachgedacht, nachdem Bucher ihn für morgen mit der Fahrt beauftragt hatte. Im Kopf ging er Rank um Rank immer wieder durch, so wie es ein Schauspieler tut, der vor einem wichtigen Auftritt steht. Mit dem Pferd würde er sich sicherer als allein fühlen. Nur vor den Menschen fürchtete er sich, diesen misstraute er. Er hatte in seinem Leben viel Bitteres erlebt. Davon liess er nach aussen wenig durchblicken; er stellte sich still und hielt sich abseits. Was in ihm vorging, interessierte niemanden, und so wollte er auch nichts zeigen.

An diesem Weissen Sonntag durfte also Hänsli Sepp mit *Max*, dem Sonntagspferd, seinem Liebling (den er jedoch mit dem Meister teilen musste), ins Dorf zum Erstkommunionsfest fahren. Vater Bucher musste am Weissen Sonntag als Götti einer Enkelin zu Verwandten ins Entlebuch fahren. Er hatte Hänsli Sepp gefragt, ob er es wagen würde, und er hatte ihm einige Ratschläge gegeben. Vater Bucher vertraute Hänsli Sepp, der merkte und schätzte es. Er hatte das Einverständnis von allen. Nur die Kinder foppten ihn, spielten ihm kleine Streiche oder benahmen sich ziemlich gemein wie kleine Teufel.

Frau Bucher hatte ihm den Sonntagsanzug extra gut gereinigt und gebügelt. Hänsli Sepp stand früher als sonst auf. Er striegelte den *Max* liebevoll, strich ihm nochmals mit seiner Hand über das Fell, wie um den Pferdekörper zu wachsen und zum Glänzen zu bringen. Die Hufe wurden ganz exzellent gepützelt – bei den Pferden sei es gleich wie bei Menschen: an ihrem Schuhwerk erkennt man den Charakter. Die Ohren – sollte er denen einen Schmuck oder einen Schoner zum Warmhalten anlegen? Und welche Farbe? Es gab einen in Rot, einen in Blau. Eigentlich müsste er einen weissen Schmuck oder Schoner haben, dachte er. Warum hat der Bauer an so etwas nie gedacht? Es gab ja jedes Jahr einen Weissen Sonntag und eine Fahrt mit den Kindern zur Kirche.

Kurz vor acht Uhr war alles bereit. Der *Max* war angespannt und das Break glänzte wie neu. Hänsli Sepp setzte sich um acht Uhr auf den Bock. Da kam, wie ein innerer Überfall, alles aus seiner Jugend hoch. Er sah seine Jugend in Mettenberg, der Entlebucher Gemeinde Romoos, dort, wo alles so zerklüftet ist, voller Tobel und Krachen, und wo es keine Durchgangsstrasse gab – eigentlich existierten dort nur Umwege. Dort hätte niemand mit dem Pferd zur Kirche fahren können. Es gab nur Wege, die in jedem Frühling für ein Jahr neu getreten wurden. Diese Pfade entstanden nicht geplant, sondern dem Gespür nach; sie waren jeweils im Sommer einfach da.

Als er gemächlich von der Oberroth in die Unterroth fuhr, um dort die Imfeld-Kinder aufzuladen, erinnerte er sich an seinen langen, steinigen und oft gefährlich steilen Kirchweg. Sicher war er auch einmal Erstkommunikant gewesen, aber daran trug er keine Erinnerung mehr in sich – entweder hatte man ihn damals vergessen oder man hatte ihm die Erinnerung vermiest.

Josef Hänsli wurde 1898 als eines von acht Kindern geboren. Zum Überleben war zu wenig vorhanden, doch überlebten sie. Dies ging, indem die Geschwister einander herumschupften und den Schwächsten in der Familie zum Spielball und Trottel machten. Dies übertrug sich auf die Nachbar- und andern Schulkinder; auch die behandelten Seppli als «den Letzten».

Weil er schicksalshaft überzählig und dazu noch gefrässig war, wurde der kleine Sepp dem Onkel abgegeben, um von dem mit dem Minimum durchgefüttert zu werden. Der Preis dafür war qualvoll. Er musste gnadenlos hart arbeiten – es war grausame Kinderarbeit: Mistaustragen, Heu rechen, Schochen machen, später alles auf dem Buckel in die kleine Scheune tragen, Kartoffeln ausgraben, Steine und Wurzeln im Pflanzplätz auflesen. Diese Arbeiten behinderten das Lernen. «Arbeit geht vor», hiess es, «die Schule nützt dir nichts, du bist eh zu dumm.»

So musste der Söpp – so wurde er von allen genannt – in der Schule schlechter als andere Kinder sein, und so wurde er wiederum zum Angriffspunkt der Schulgespane. Es drehte sich alles wie rückwärts im Kreis. Er kam aus dem Unglück nicht heraus.

Wie er anhielt und die Kinder aufstiegen, fuhr ein Teil dieser Vergangenheit durch seinen Kopf. Irgendwie glich dies hier seinem Firmtag, eine der wenig positiven Erinnerungen – doch die war in ihm schon lange nicht mehr hochgekommen. Doch jetzt – aber schon verdrängten wieder die üblichen Szenen seinen inneren Film.

Auf dem Schul- und Kirchweg war ihm immer wieder sein Znüni oder Pausenbrot von den anderen abgenommen worden, oder sie bissen seinen Apfel an und schupften ihn den Hang hinunter. Dabei lachten sie wie die Teufelchen mit den spitzen Speeren auf einem frommen Bildchen, *Hölgeli* genannt, das er einmal nach der Beichte von einem Kapuziner erhalten hatte. Dieses Grinsen hörte er bis heute in seinem Inneren. Für ihn bedeutete Lachen seit frühester Jugend Hohn und Auslachen, und es hatte mit dem Teufel zu tun. Daher lachte er nie. Er erinnert sich genau, wie er mehrere Male zu spät nach Hause kam – nicht aus eigener Schuld, aber das interessierte niemanden –, wie er ausgeschimpft wurde und Rutenschläge erhielt. Die Rute kam in seiner Erinnerung und seinen Träumen immer wieder als zischende, brennende Drohung vor. Und immer wieder kam es wie eine dunkle Erinnerungswolke über ihn: er kollerte einen steilen, endlosen Abhang hinunter. Nach unsäglichen Mühen konnte er sich jeweils wieder hochziehen. Noch heute träumt er, wie er hochkrabbelt und einfach nirgends hin kommt. Im Grund war es das Leben, sein Leben.

Solches ging jetzt wieder einmal durch Hänsli Sepps Kopf. Die Imfeld-Kinder waren aufgestiegen. Sie hatten vielleicht von weitem dem Hänsli Sepp Guten Tag gesagt, vielleicht hatten sie es auch vergessen, wen kümmerts. Doch Hänsli Sepp kapierte es. Stolz wie ein Offizier sass er auf dem Bock und sagte zum Pferd: «Hü! Gehen wir los!» Er schwang das Leitseil. Sogar eine Geissel steckte neben ihm, doch diese wirkte nicht wie die Rute von damals; diese Geissel war zum Lenken da; sie sollte streicheln, um dem *Max* zu sagen, wohin es geht, und wer der Meister bleibt.

Als sie den steilen Waldweg gut gemeistert hatten und sich in grossem Bogen Hodels und Sidlers Land näherten, begann er wieder zu träumen. Sepp liebte diese Gegend, die grossen Flächen bedeuteten für ihn die Ebene der Welt. Wenn es bloss die Menschen nicht gäbe… Er war heute besonders zufrieden. Das Mittelland mit den grossen Bauernhöfen gefiel ihm, und dass er bei Buchers seinen Platz hatte, machte ihn stolz. Ja, er hatte doch Glück gehabt, dass ein Viehhändler von Ruswil, der auch mit Liegenschaften handelte, ganz am Rande in sein Leben kam. Die Jungen der Buchers von der Dürrenegg waren unternehmungsfreudig und liessen sich über den Vermittler etwas «beinahe Goldenes» in der grössten Bauerngemeinde

Ruswil zeigen. Sie kauften den Hof und brauchten dafür einen Knecht. So war der Hänsli Sepp zu Buchers in die Obere Roth gekommen.

In der ersten Generation blieb er bei Buchers. Er gehörte einfach zum Hof. Als 1930 Vater Bucher heiratete, zog sein Bruder, der Franz, als Melker weg. Es kam zu einer Neuverteilung der Arbeit. Bucher brauchte einen Melker, und die Stelle des Karrers war überflüssig geworden.

Hänsli Sepp unternahm alles, um bleiben zu können. Er wollte keinen Lohn, er wollte nur bleiben. So blieb er, aber seine Arbeit neben dem neuen Melker klappte nicht. Sepp gefiel alles nicht mehr; er wurde unzufrieden und murrte, wie er es früher kaum getan hatte; er wurde borstig, und es gab Streit.

An Sonntagnachmittagen schaute er sich um. Die Knechte gaben sich damals Tipps, und das war die Berufsbörse. Alle kannten in der Gegend den Hänsli Sepp. Dass der Bucher ihn schätzte, wussten die Meisterbauern. Doch auf der Knechtenbörse hiess es, dass er gerne wechseln würde. Und so hat der Nachbar Aregger im Geissbach ihn – für ihn gottlob – abgeworben.

Aber für Hänsli Sepp lief wieder einmal alles verkehrt und verhext. Der Aregger hatte einen ganz anderen Trab als Bucher. Was dem einen recht war, war dem anderen falsch. So etwas machte Hänsli Sepp nervös. Und als er einmal einwandte: «Aber bei Buchers...», unterbrach ihn Aregger wütend und schickte ihn weg. Von da an wurde alles unstet. Sepp fand einen neuen Meister in der Elischwand. Im Luzernischen war ein Wahljahr, und da stellten Grossbauern an Lichtmess jeweils einen oder gar zwei Knechte ein, die sich verpflichteten, für die Partei des Bauern zu stimmen. Nach dem Sommer wurden diese wieder entlassen. Und so ging es für Hänsli Sepp weiter nach Nottwil.

Wie er jetzt auf der Strasse von der Elischwand über den Geissbach durch die Roth nach Buttisholz fuhr und Kinder auflud, tauchte in ihm alles wieder auf. Damals, nach dem gehetzten Hin und Her wollte er nur eines: zurück zu Buchers. Es brauchte viel Mut, aber er schaffte es. An Lichtmess 1938 stand Hänsli Sepp vor der Tür der Buchers in der Oberroth. Mutter Bucher spürte, dass bald ein Krieg ausbrechen würde. Sie roch es; sie ahnte alles, was geschehen würde. Sie war sicher, dass ihr Mann bald in den Wehrdienst musste. So versuchte sie Vater zu überreden, den Hänsli Sepp wieder einzustellen, denn ihm könne sie trauen, ihn kenne sie, er habe eine Ahnung vom Hof, und er müsse bestimmt nicht in den Krieg.

Und jetzt? Knapp nach dem grossen Krieg, eine Woche nach Ostern 1946, fuhr er wie als Höhepunkt auf dem Bock des Breaks nach Buttisholz. Nun war er also bei Buchers, und die liessen ihn vorderhand auf dem Hof, denn niemand wusste, wie sich dieser Friede entwickeln würde. Und so kam es zum heutigen Tag, dem Weissen Sonntag 1946. Wie es wohl weiterginge? Niemand wusste es – wie Bauern sagten: «Nicht einmal der liebe Gott.»

Nun kam er zum grossen Rank bei der Eiche, der entscheidenden Kurve. Er war voll präsent. Und er fuhr die Kurve bestens. Selbst die Kinder waren begeistert und klatschten das erste Mal für Hänsli Sepp. Auch in Buttisholz lief alles gut.

Er getraute sich nicht in die Kirche. Nach etlichen Ausreden blieb er beim *Max* in der Tenne. Am Weissen Sonntag hat kein Karrer Platz in der Kirche, redete er sich ein. Er stellte sich den schrecklichen Augenblick vor: Er beim Betreten des Kirchenschiffs, er beim Weihwassernehmen aus dem Becken, das genau vor den Besseren stand, er beim Machen des Kreuzzeichens, und alle diese Frommen schauten nur auf ihn und ob er die anschliessende Kniebeugung auch richtig machte – nein. Das wäre fast so schrecklich, wie wenn er zum Letzten Gericht käme und Gott ihm sagte: «Du hast alles falsch gemacht und nun zur Sühne ab ins Fegefeuer.» Für Hänsli Sepp war es schon lange klar: er käme niemals zu den Besseren in den

Himmel. Er war von Anfang an ein Verschüpfter; die Idee ging ihm nicht aus dem Kopf, auch wenn er es bei Buchers gut hatte. Ausrutschen, den schlüpfrigen, steilen Hang hinunter, ein Hochkommen unmöglich, ausgelacht, als dumm befunden...
«O Gott, bist du unbarmherzig!»

Hänsli Sepp war mit Buchers zwei Pferden glücklich. Am liebsten hätte er im Rossstall geschlafen. Seine Kammer im stattlichen Bauernhaus, die Frau Bucher regelmässig reinigte und manchmal gar schmückte, regte ihn auf – diese sture Sauberkeit! Doch heute störte ihn das Weiss nicht. Das war ein anderes Weiss, eines, das nicht hämisch lächelt. Nein, er war kein Schmutziger, aber warum musste das Hemd so oft gewechselt werden? Und dann diese blöden Schuhe: sein Leben lang kriegte er die nie sauber! Man putzte sie zwar ab und zu für ihn, aber er sah ganz genau, wie die Kinder beim Schuhputzen am Samstag lachten; er nahm an, natürlich über seine Schuhe.

Seine Meistersleute waren eine gute Familie. Sie taten vieles für ihn, aber manches begriff er nicht, weil er meinte, der Meister sehe nur seine Fehler; davon sprach Bucher jedoch nie.

Oh, wie stolz war er heute. Dass er das Vertrauen erhalte hatte, am Weissen Sonntag nach Buttisholz fahren zu dürfen. Für die Kinder war es der weisse, für ihn der glücklichste Sonntag.

Aber sein Fluch holte ihn immer wieder ein, auch heute als «Sepp im Glück». Er konnte doch nicht in die Kirche und er wollte am Weissen Sonntag nicht anderen etwas vergällen. Also blieb er draussen bei seinem Pferd. Dabei wusste er: er sündigte, wenn er nicht zur Messe ging. Doch hatte er sich damit abgefunden, dass ein Knecht tun konnte, was er wollte – er war und blieb ein Sünder und würde bestenfalls im Fegefeuer landen.

Natürlich liess er vom Hirschen-Wirt einen Most, später einen Luzerner Kaffee kommen. Diese zwei Getränke liebte er, und so lange er die auf einem Bauernhof bekam, solange würde er bleiben.

Der Hänsli Sepp war bestimmt kein Trinker, auch wenn er in der Brusttasche des Sonntagskittels stets ein Schnapsfläschli mit sich trug. Wie er immer zum Nachfüllen kam, blieb bis heute ein Geheimnis; vielleicht hat er nur gebluffkt: Ein eigenes kleines Schnapsgutterli, in Weiden gefasst, stand extra für ihn auf dem Tisch an seinem Platz. Er wusste, wie lange dies reichen musste, und er konnte selbst einteilen.

Der Hänsli Sepp war Pfeifenraucher. Sein Tabak befand sich im Rossstall. Das wussten Buchers Buben, und sie spielten ihm Streiche, indem sie Wasser in den Beutel schütteten oder Gras und Waldwurzeln beimischten. Wie lange damals Pfeifentabak reichen musste, begreifen wir auch heute nicht. Jedenfalls muss der Hänsli Sepp das Wunder der Tabakvermehrung gekannt haben.

Am Nachmittag des Weissen Sonntags mussten wir Kinder nochmals zur Andacht ins Dorf. Da fuhr kein Hänsli Sepp mehr. Der sass zufrieden am Knechtetisch und hatte von Frau Bucher ein extra feines Mittagessen und den besten sauren, oder wie wir sagten, alten Most bekommen. Nachher gab es ein zünftiges Kaffee. Dann ging er um die Scheune herum spazieren, sah die ersten Schlüsselblumen und spürte: es wird ein gutes Jahr.

Sogar ein z'Fünfi gab es. Diesmal war natürlich nicht mehr so viel Schnaps im Kaffee, aber solange es überhaupt Kaffee gab, war er glücklich. Dann kam der Abend, und er musste wieder zu den Pferden. Er stellte fest, dass ihn Max, das Pferd, mit dem er ins Dorf fahren durfte, dankbar ansah.

Am Abend hätte er mit der Familie den Rosenkranz beten sollen. Doch wie üblich zögerte er alles hinaus, er warf gar einen Blick in die Zeitung, und immer musste er irgendwie nach den Pferden schauen. So kam er jeweils kaum vor dem zweiten, meist erst zum dritten von den fünf Gesätzchen des Rosenkranzes.

Der Weisse Sonntag 1946 war für Hänsli Sepp mehr als der Himmel je sein konnte. Er vergass ihn nie. Neben all den Erinnerungen besass er nun eine, die ihn ein bisschen Glück und Seligkeit erahnen liess. Was später grossen Eindruck auf ihn machte, erzählte er einst fast verstohlen: Er habe die Sünde vom Weissen Sonntag, nämlich das Schwänzen des Gottesdienstes, gebeichtet. Da habe der Kapuziner durch das vergitterte Fensterchen gesagt: «Aber das ist doch keine Sünde.» Und dann habe er noch anderes gebeichtet, und der Beichtvater habe ihm als Zuspruch gesagt: «Hänsli Söpp, mach doch nicht alles zur Sünde. Söpp, du bist schon recht.» Wie ihm das gut getan habe. Und erst später habe er gemerkt, weil der Kapuziner das Wort Söpp gebrauchte, dass der aus seinem Dorf kam, und einer von denen war, die ihn in der Jugend verschupft und geplagt hatten. Und der sagte ihm nun: «Söpp, du bist schon recht!»

Zwei Ansichten
oder
ökumenisches Güllen

Wenn schon beim Wort Jauche viele Menschen die Nase rümpfen, sind sie richtig bestürzt, wenn ihnen erklärt wird, wie Karfreitag und Gülle zusammengehen. Einst gehörte die Gülle im Luzernerland zum Karfreitag wie in anderen Gegenden das Weihwasser.

In meiner Jugend gab es an jedem Karfreitag einen Güllenkrieg. Die Protestanten sagten, die katholischen Bauern würden extra Gülle ausführen, um sie zu ärgern und ihren höchsten Feiertag, den Karfreitag, zu beschmutzen und lächerlich zu machen. Die Katholiken würden ihren evangelischen Gott beleidigen.

Für uns Kinder handelte es sich um den gleichen Jesus; das Problem begann erst mit der Gülle.

Für uns Katholiken war es unerklärlich, warum der Todestag Jesu der höchste Feiertag sein sollte. Warum feierten die Protestanten nicht den Sieg Christi mit der Fahne in der Hand und über einem leeren Grab an Ostern? Wollten denn die Protestanten wirklich, dass der Heiland starb?

Genauso unerklärlich war für uns, dass die Glocken läuteten, denn am Karfreitag waren doch alle Glocken in Rom. Das evangelische Geläut provozierte uns so, wie sie unsere Gülle ärgerte. Jemand musste sich also bekehren. Doch wer? Gülle oder Glocke, Glocke oder Gülle.

Alles katholische Geläut blieb ab Karfreitag bis Ostern stumm. So läuteten in den Kirchen die Ministranten keine Schellen. In dieser Zeit gab es die *Rätschen*, die man auch Raffeln oder Holzklappern nannte, weil davon ein hölzerner Ton ausging. Das Rätschen war so einmalig, dass sich die Ministranten jeweils um die Ehre stritten.

Wir Kinder konnten vieles nicht erklären, dennoch begriffen wir mehr als die gescheiten Herren meinten. Der Vorgang mit der katholischen Gülle war uns intuitiv klar: eine echt bäuerliche Vorbereitung auf Ostern. Gottes Sohn war gestorben, doch wir wussten, er würde auferstehen. Warum sollten die Felder nicht im gleichen Rhythmus wie Gottes Sohn gehen? Also starben sie symbolisch in dieser Zeit, um mit ihm aufzuerstehen. Und echt Bauer: er half für das neue Leben und die Auferstehung mit Gülle etwas nach. Das war doch keine Beleidigung der Protestanten; eigentlich hatte es bei ihnen nur eine soziale Bewandtnis, indem ihre Erneuerer Religion und Brauchtum verwechselten. Wir glaubten einfach anders als sie.

Am Karfreitag wurde nur morgens und vormittags gegüllt. Am Mittag sollte diese Arbeit fertig sein, denn nachher fruchtete sie nicht mehr besonders. Zudem fand um fünfzehn Uhr der Trauergottesdienst in der Kirche statt.

Ich bin in einer Zeit aufgewachsen, in der solche Bräuche zu zerfallen begannen. Kurz nach dem Weltkrieg geriet ein Modernisierungsdrang in unsere Gegend. Unsere Jugend schämte sich der Gülle; die Burschen wollten für die Mädchen gut riechen. Viele gingen in die Stadt arbeiten; die kamen bestimmt nicht über Ostern zurück, um am Karfreitag zu güllen. Und dann kam es einem vor. als ob die Bräuche blitzartig verschwanden und vergessen wurden. Alle dachten sich: So rückständig waren wir doch nie!

Ich erinnere mich genau, wie die Einheit um die Gülle zerbrach.

Es war einer unserer Nachbarn, der mit der Arbeit immer etwas zurücklag. Er hatte schon zu dieser Zeit ein modernes Druckfass und fuhr dieses am Karfreitagnachmittag aus. Er wusste nicht, dass er nicht nur die Protestanten, sondern auch den Frieden der Vögel störte; die mussten doch am Nachmittag ruhen und sollten nicht Würmern nachfliegen. Sie sollten zu trauern beginnen. Der Bauer hatte zudem keine Ahnung, dass damit der Rhythmus der Mäuse durcheinander kam, denn so blieben ihnen nicht drei Tage Zeit bis zur Auferstehung. Und das war wichtig. Kein Wunder, dass sich auf seinen Wiesen immer mehr Maushaufen als in den Feldern der Nachbarn befanden.

Auch das war wichtig: Am Karfreitag scharrten die Jungen der Bauern die Maushaufen auseinander.

Noch unverständlicher war für uns der andere kleine Nachbar, der sich schon damals für die Ökumene einsetzte. Wir wussten nicht, was das war, zudem tönte dies wie Ökonomie; das Wort kannten wir, weil es auf dem Land Ökonomiegebäude gab. Dieser Nachbar güllte also am Karsamstag. Aber wozu güllte er überhaupt? Selbst wir Kinder wussten, dass es nun nichts mehr nützte. Oder anders gesagt: Der Nachbar kam nicht mehr in die Gunst der heiligen Zeit und konnte sich somit keinem Schub der Fruchtbarkeit anschliessen und davon profitieren.

Noch etwas: Nach dem Mittag des Karfreitags und ganz sicher am Karsamstag sollte es trocken sein. Das war wichtig fürs Holz. Ohne Holz gab es kein Osterfeuer, keine Auferstehung und kein neues Jahr, das Gott lieb war. Holz musste überall trocknen, damit einiges davon in der Mitternacht beim Osterfeuer gut brannte. Doch auch davon hatte dieser ökumenische Bauer kaum mehr eine Ahnung.

Was für ein göttliches Durcheinander muss nach und nach entstanden sein. Für uns war dies der Einbruch der Moderne. Da güllten die einen zwar noch am Karfreitag, andere güllten zu spät und nicht mehr im gültigen Rahmen, und wieder andere güllten gar erst am Tag danach. So zerbrach die Einheit des Güllens und des Glaubens.

Und hierzu kommen noch die Eier. Vielleicht wurde auch am Freitagvormittag gegüllt, damit die Hühner noch viele gute Würmer picken konnten. Nach dem Güllen wurden die Hühner einmal im Jahr auf die Wiesen getrieben. Sie sollten ja grosszügig Eier legen, denn Karfreitagseier waren heilig. Am Karsamstag früh holte die Bäuerin sie aus den verschiedenen Nestern. Diese Eier – so hiess es – faulen oder stinken nicht; sie halten mindestens ein Jahr – bis zum nächsten Karfreitag. Sie sind heilig und fruchtbar. Sie schützen Stall und Hof, Mensch und Vieh. So hingen bei uns vier solche Eier im Dachgebälk der Heubühne. Vier andere waren aufbewahrt im Stubenbuffet, hinter dem Lourdes-Wasser und den anderen heiligen Wassern. Die vier Eier waren Schutz gegen Viehseuche, Blitzschlag und Feuersbrunst. Eine Kuh, die vor dem oder beim Kalbern fiebrig und entzündet war, oder wenn ihr Euter wohl wegen Milchfieber nicht gut aussah, bekam, verrührt im Trank, ein solches Karfreitagsei.

Übrigens: am Karsamstag sollte man holzen – entweder Holz spalten oder scheiten und vor allem Holz beigen. All das hatte mit dem Osterfeuer – entweder spät am Abend oder um Mitternacht – zu tun. Das Karsamstagsholz brannte nicht nur gut, sondern brannte länger. Und wenn das Karsamstagsholz auf der Beige lag, schlug im Sommer bestimmt kein Blitz ein.

Alles schierer Aberglaube und zudem etwas viel auf einmal, denkt ihr. Vielleicht. Aber so wie Katholiken und Protestanten sich wegen der Gülle nicht verstanden, so verstehen wir Heutigen uns nicht mehr mit unseren katholischen Vorfahren. Das alles war damals ein intensives Mitgehen in diesen wichtigen Tagen. Die Bauern bezogen solche Dinge auf ihr Alltagsleben und schnürten es in ihr Brauchtum ein. Für Bauern waren Schutz und Brauchtum wichtig, also wollten sie die kirchliche Osterfruchtbarkeit mit der bäuerlichen verbinden. Wenn sich die Menschen ins Grosse und Ganze eingebunden sahen, fühlten sie sich beschützt.

Für uns Kinder waren es grosse Tage, und wir gingen mit, auch wenn wir das Tun nicht erklären konnten. Uns Katholiken taten die Protestanten ehrlich leid: ihre Glocken gingen nicht nach Rom, ihr Karfreitag war ein Feiertag, niemand wirkte am Geschehen und zur Auferstehung Christi mit, der Karsamstag war ein gewöhnlicher Tag, kein Osterfeuer mit dem lateinischen *Exultet*. Wir verstanden natürlich kein Latein; aber: hätten wir denn das sollen? Das *Exultet* war so, dass man keine Worte verstehen musste. Wir hätten dabei weinen können, denn wir wussten, um was es ging.

Immer wieder: das scheinbare nicht Verstehen und dennoch das totale Mitgehen. Die Aufklärung zerbrach an diesen Bräuchen, am *Magnificat* und am *Exultet* gesungenen Evangelium und an der Osterbeichte.

Das mitternächtliche *Exultet* zu singen, war die grösste Ehre. Kein Pfarrer, selbst wenn er kaum singen konnte, liess sich das nehmen. Falls ein Diakon dieses Freudenlied von der Auferstehung singen durfte, war dies ein fast sicheres Anzeichen einer guten, wenn nicht gar steilen Karriere. Es gab nämlich selten eine solche Möglichkeit. Messen konnten wiederholt werden, nicht jedoch das *Exultet*, das nur einmal, und zwar in der Osternacht, zu singen war.

Fürs Volk war es ein erschütterndes Erlebnis, dreimal auf das Alleluja zu antworten. Dieses kam aus der Tiefe und stieg zum Himmel, immer höher sang der priesterliche Vorsänger: Alleluja – und Er war erstanden! *Resurexit, resurexit, resurexit!* Er ist erstanden, er lebt – und im Unterton: «Geht und sucht ihn.»

Man nahm sich in diesen Kartagen zusammen, lebte in tiefem Einvernehmen mit Menschen und Tieren. Wir Kinder merkten, dass die Hühner mitzogen und sich grösste Mühe gaben, viele Eier zu legen. Das *Gitzi* im Stall, im eigens für es gezimmerten *Chrome*, eine Form von Käfig, wusste, dass es fürs Osteressen geschlachtet würde und uns nur das Beste geben wollte. Wir waren fest überzeugt, dass unsere Kühe wussten, dass Ostern kommt. Und die Katzen putzten sich und schnurrten so glücklich. Der Haushund gab sich lieb und hielt sich besonders gerne mit den Kindern auf. Es war zudem das

Ende der Fastenzeit; alle nahmen sich nochmals zusammen; selbst die Tiere schienen mit uns zu fasten und wussten, dass mit Ostern die Fastenzeit für alle vorbei war und der Frühling mit neuer Nahrung kam.

All das hatten die Protestanten nicht. Und da kam also der Nachbar und sprach von Ökumene und güllte am Samstag.

Mein äusserst toleranter Vater bemerkte einmal. «Ist das etwa das Ziel der Ökumene, dass alle am Sonntag güllen?»

Vielleicht hat er bereits Recht bekommen. Auf jeden Fall fragt kein Bauer mehr den Pfarrer, ob er am Sonntag heuen dürfe. Vielerorts hat sich die Arbeit des Bauern auf den Sonntag verlegt, und längst hat die Gülle ihren «göttlichen» Bezug verloren.

Nachbarn sind Freunde, Freunde sind Nachbarn

HP Hunkeler und Paul Würsch sind voneinander derart verschieden, wie es nur an den Abhängen des Napf und bei den angrenzenden Moosbauern möglich ist. Sie wohnten und werkten früher einsam auf schwierig zu betreibenden Höfen; keiner wollte so wie der Nachbar sein. Das Anderssein war und ist ihr stolzes Markenzeichen. Heute verbindet sie drei Sachen: irgendwo ein Sonntagsgottesdienst, das Radio – selbst auf dem Traktor – und der Supermarkt.

«So wie mein Nachbar will ich nicht werden», wie viele Male haben wir solches ausgesprochen oder voller Wut innerlich für uns behalten. «Der Nachbar spinnt», heisst es sehr oft. «Mein Nachbar stellt mir ab» oder – wie ich mehrere Male auf der ganzen Welt vernahm – «der Nachbar ist in der Vergangenheit stecken geblieben.»

Einst waren es immer Bauern, die Nachbarn waren. Die Moderne lässt diese Einfachheit nicht mehr zu: verschiedene Berufe, und was nun alles kompliziert macht, verschiedene Religionen und Rassen. Nachbarn sind Fremde, Fremde sind Nachbarn. Der Begriff ist gestorben, alles ist fremd geworden. Ob ich im Kreis 5 von Zürich noch Nachbarn habe?

Was geschah einst, als das Nachbarhaus ein Museum war? Jeden Tag wohl sehen sich der Bauer HP Hunkeler und Ex-Posthalter Paul Würsch, während sie beide ihrer Arbeit nachgehen. Beide kennen einander, beide haben sich aneinander gewöhnt. Es scheint keine hohen Spannungen oder gar Streit zu geben. Beide leben einfach als Nachbarn – wenigstens zeitweise tagsüber, denn Würsch lebt im Dorf und kommt zum Öffnen und Warten seines Museums her, dann schliesst er abends und kehrt ins Dorf zurück.

Würsch hat Erinnerungen an die Vergangenheit gesammelt, nicht systematisch, sondern so wie die Gegenstände anfielen, zufällig geschenkt wurden oder billig käuflich waren. Die ganze Sammlung ist ein einziges Durcheinander. Einmal hörte ich die wundervolle Beschreibung mit dem Wort «die schönste Allotria-Sammlung der Welt». Im alten Bauernhaus findest du auf zwei Stockwerken zufällig alles, was einst auf einem Hof oder im Leben des Hinterlands benutzt oder gebraucht worden ist.

Würsch hat seinen Beruf als Posthalter vorzeitig aufgegeben, um leidenschaftlich und Pfeife rauchend endlich in die Sammlung «etwas Struktur» zu bringen. Das gelang ihm wohl ziemlich leicht mit der alten Schulstube und den alten Bänken (obwohl er mit den jetzigen nicht zufrieden ist), mit einer Küche vollgestopft mit Pfannen und Besteck, der ersten Ovomaltine-Büchse, uralte Ur-Maggiwürfel, Tüten mit dem ersten Kaffee im Hinterland, dem Nachfolger von Eicheln und Zichorie, dann Gläser mit Hustentees, dem Schlafzimmer, und noch etwas unbeholfen dem Raum mit Devotionalien, heiligen und magischen Schutzgegenständen, wenigen Rosenkränzen... Die Nachbarschaft von alten und jungen Gegenständen und Mitteln zeigt, dass die Menschen ganz gerne von allem etwas haben.

Aber ich will keine Führung zu einem wilden Museum geben, wichtig ist mir, was es als Nachbar für den heutigen Bauern bewirkt. Fast sonderbar, weil der Ronmühlehof sehr stark sowohl der Tradition als auch gleichzeitig der Moderne verpflichtet und in eigenartiger Weise verbunden ist. Falls es Leute gibt, die meinen, dieser Hof sei traditionell, werden sie im Museum wenig Bestätigung dafür finden. Kann Bio oder Öko von früher gesammelt werden?

HPs Nachbar Würsch ist ein Sonderling. Sind das nicht alle Nachbarn? Ist dieser Mensch kleinlich und geizig, kurios und grotesk, seltsam und wunderlich, dann ist sein Nachbar das Gegenteil. Dennoch gehört das alles sehr sinnig zusammen. Der Reichtum des Hinterlands besteht vor allem aus der Vielfalt von eigenwilligen Charaktertypen oder Originalen, in etwa könnte ich sie Spinner nennen, es sind *Tüftler* und *Philosophen*. Aber kaum Nachbarn, höchstens geografisch, im Kopf auf keinen Fall. Sie alle probieren etwas anderes aus, um ja nicht wie der Nachbar zu sein. Jeder trinkt den Kaffee anders; die Tabakpfeife jedes Bauern raucht verschieden und steckt in einem anderen Winkel zum Mund; jeder dengelt seine Sense auf seine eigene Weise; jeder mäht den Weizen etwas anders, wenn auch stets zur gleichen Zeit wie sein Nachbar. Bei der Zeit halten alle mit, denn keiner will zu spät kommen.

Ich erinnere mich an den Kaufmann vom Niffel aus meiner Jugend. Er arbeitete mit der Vogelwarte Sempach zusammen. Er liebte Hecken und Vögel, auch dann noch, als alle anderen Bauern sie am liebsten nach Afrika verscheucht hätten. Zu Beginn der Moderne, nach dem 2. Weltkrieg, hiess es, dass Hecken keine Zukunft hätten und grosse und praktische Äcker verhindern würden. Kaufmann ging seinen Weg. Er und seine Familie strahlten viel in die Natur und auf Mitmenschen aus.

Kaufmanns hatten einen sonderbaren Nachbarn. Galten sie als traditionell und beinahe romantisch, so waren die Bucks das Verrückteste, das es in unserer Gegend je gab. Sie revolutionierten die Landwirtschaft, lange bevor solches sehr üblich wurde. Wir nannten sie bloss «die Amerikaner», und das bezeugte der Wagen; sie besassen einen grossen Buick. Die Töchter gaben sich so modern, dass alle unsere Mütter der Umgebung einfach erschrecken mussten und Angst bekamen. Solch kurze Röcke, diese Stöckelschuhe auf dem Land, diese Frisuren, und sogar gefärbtes Haar, übermässig geschminkt. Genauso von der Norm weg war ihr Bauern. Alle alten Bäume wurden gefällt; tiefstämmige in Reih und Glied gesetzt und eingezäunt. Was damals besonders Erstaunen auslöste: sie heuten noch im Frühling; sie schnitten Gras, wenn es nach unserer Tradition einfach nicht getan wurde; sie emdeten bereits, wenn einige Bauern erst heuten. Sie waren stets voraus und zeigten, dass die alten Jahreszeiten in dieser Moderne nur noch einen Platz im veralteten Hinterland hatten. Später bauten sie einen Stall; sie nannten das Gebäude nicht einmal Scheune.

Beide, die Bucks und Kaufmanns, haben scheinbar etwas «gesponnen», denn so wurden sie von anderen Nachbarn ganz klar charakterisiert. Beide Varianten – wie es sich jetzt zeigt – waren möglich. Wer sollte oder konnte der Schiedsrichter sein? In meiner Jugend sollte es der Pfarrer sein, aber auch der kam nicht mehr draus. Er hatte Sympathien für den alten Kaufmann und echte Angst um den jungen Buck. Eingreifen konnte er nicht, denn Bucks gingen nicht in dieselbe Kirche wie Kaufmanns, obwohl beide katholisch waren.

Ich begreife erst jetzt, wie verhängnisvoll die Betonung des Nachbarschaftsprinzips sein kann. Einige werden lächeln, wenn ich heute behaupte: Nachbarschaft kann ein anderes Wort für Wettbewerb, meistens jedoch für Missgunst oder Streit sein.

Von Schötz bin ich nach Zürich, in den Kreis 5, zurückgekehrt. Wie viele Nachbarn habe ich hier? Meine Mitwelt sagt einer nach dem anderen, wie wenn sie zum Abtreten abzählen würden, zuviele Fremde, alles Fremde, überfremdet. Im Quartier leben etwa 60 Nationalitäten. Das ist die Welt von heute. Wir brauchen neue Worte. Nachbarschaft – war das nicht etwas für Bauern, die sich alle als fremd vorkamen und ja nie dasselbe wie der Nachbar der Bibel tun wollten?

Manchmal könnte man behaupten, dass Nachbar fremder als fremd ist, letztlich wohl gerade weil er das selber ist.

Ich bin erstaunt, dass ich erst jetzt entdecke, dass die Nachbarn und die Fremden, das Fremde und die Nachbarschaft dasselbe sind. Das haben die auf den Bauernhöfen längst, wenn nicht gar immer, gewusst oder leben müssen.

Noch immer bellen sich die Nachbarhunde gegenseitig stundenlang an. Wenn selbst die Hunde sich nicht riechen mögen, warum dann die Menschen. Aufregen tun sich beide Seiten seit Jahrhunderten über die Kühe, die über die Grenze hinweg etwas Gras des Nachbarn schlecken. Wegen Wegrechten streiten Bauern und Nachbarn in aller Welt. Nachbar zu sein, ist ein hohes Risiko.

Du bist die Ausnahme

Gold Seppeli war mausarm, obwohl er den Beinamen Gold trug. Zu dieser Ehre war er durch seinen Spott über das Geldvermehren gekommen. Also, zu Beginn der Geschichte war er arm, und dennoch besass er etwas. Aber das ging niemanden etwas an. Irgendwo in der Matratze befand sich dieses Nichts. Da hörte er eines Tages um tausend Ecken herum von einem magischen Fonds, der 33 Prozent, ja, 33 % Zins abwerfen würde – und zwar nicht nur einmal im Jahr, sondern monatlich! Wie konnte Seppeli zu einem solchen Goldscheisser Zugang finden? Selbst wenn dieser Zugang der Teufel persönlich war – davor hatte er keine Angst. Auch den Teufel würde er austricksen. Wer so lange Knecht ist, lernt, dem grossen Herrn ein x für ein u vorzumachen. Was aber, wenn der andere das gleiche tat?

Seppeli war in der Schule im Rechnen nie gut gewesen. Aber was Geldvermehrung betraf, davon hatte er allerdings eine Ahnung; immerhin wusste er, dass sie bei ihm nie stattfand.

Es tönte zunächst verrückt und nochmals verrückt. Dass eine derartige Verrücktheit niemals von denkenden oder rationalen Wesen wie Menschen erfunden werden konnte, war ihm klar. Diese Verrücktheit von monatlich 33 % Zins konnte höchstens aus dem Reich von Gott oder dem Teufel stammen. Und von einem Vermittler. Eine solche Person konnte doch nur in den Eingangsspalten des Napf gefunden werden. Also hinter Luthernbad. Dort wimmelte es ohnehin von guten und schlechten Geistern. Sie zogen sich gegenseitig an, um mit ihrem Chef eines Tages den grossen Sieg zu feiern. Da konnte man Einsamkeit nicht brauchen. Gold Seppeli roch richtig und bekam recht.

Auch wenn er sich stets ärmlich gab, er hatte etwas in jener

Matratze – nicht seiner, er war ja nicht dumm. Falls die Hausfrau diese Matratze reinigen würde, musste sie sein *kleines Bitzeli* entdecken. Nein, es war in jener Matratze, worauf die Katzen lagen und spielten: einfach etwas Geld für den Fall der Fälle.

Er eilte eines Sonntags, noch bevor das Hochamt vorüber war, so als müsste er für eine kalbende Kuh in den Stall zurück, wie blind zu einer Tropfhöhle über dem Bad. Sein kleines Bargeld hatte er in die Unterhose gesteckt. Dort erschien er tatsächlich – wie eben aufgeschreckt, böse drohend und fauchend: der magische Geldvermehrer.

Die Unterhaltung war sehr knapp. «Traust du mir oder nicht. Gib mir sofort das Geld und sonst nichts. Ich garantiere dir bei meinem Wort, ja, so wahr ich dastehe, die 33 %.»

Was er tun müsse, fragte der Gold Seppeli, nun doch etwas eingeschüchtert.

«Nichts; nichts! Einfach etwas Geduld haben» tönte es aus dem Echo oder dem Hintergrund. Und dann ganz dumpf: Der Geldvermehrer sagte ihm ins Ohr, damit es kein Echo aufnehmen konnte und wirklich ausser ihm niemand hörte: «Du bist die Ausnahme. Ich sage das nur dir. Der Trick spielt nur bei ganz wenigen. Also, du betest in Zukunft den Rosenkranz rückwärts, du verkehrst die Gesätzchen. Sagen wir das erste Gesätzchen, nehmen wir an vom schmerzreichen Rosenkranz, dann das dritte und dann erst das zweite. Ja, und genau so weiter. Alles umkehren und durcheinander bringen. Dann hört dich nämlich Gott, weil du eine Ausnahme bist. Weisst, wenn alle gleich beten, schläft er dabei ein. Die Umkehr, das ist der Trick der Erhörung. Plötzlich wird Gott hellwach. Aber sag es niemandem, gell?»

Lachend und krächzend schrie er in Seppelis Ohren, dass es schmerzte: «Wir bringen Gott durcheinander. Der hat haufenweise Geld, der kann ruhig mal 33 Prozent herausrücken.»

Das klang doch glaubwürdig. Gold Seppeli gab ihm das Geld und ging. Schon auf dem Rückweg begann er, den Rosenkranz zu beten. Er hatte Zeit zum Beten, und so tat er von nun an, was er früher höchstens bei Totenwachen und Beerdigungen getan hatte.

Zum Geldvermehrer, der leicht verschleiert gewesen sein soll, kamen natürlich auch andere Menschen. Und alle wurden «Ausnahmen», und immer mehr wurden vom «Ausnahme-Fieber» befallen. Auch von der anderen Seite der Kreuzstiege kamen sie ins Luthernbad. Alle beteten den Rosenkranz von rückwärts. Neu war, dass auf einmal so viele Männer Rosenkranz beteten. Der Wallfahrtskaplan war über die starke Zunahme der Wallfahrer hoch erfreut. Alle gaben sich fromm, alle wollten Geld, denn im Lutherntal waren schliesslich alle arm und alle wünschten sich etwas Glück. Jedem gab der Geldvermehrer dasselbe Rezept, und jedem nahm er seinen kleinen Rest – das Letzte, von dem nie jemand sprach.

Dem Pfarrer in Luthern kam es verdächtig vor, dass so viele nach Luthernbad pilgerten, dort aber nicht zur Maria gingen, sondern weiter zu einem Krachenspalt. Und Gott im Himmel kam bei diesem unordentlichen Beten ins totale Durcheinander. Er beherrschte die eigenen Kräfte nicht mehr, weder Blitz noch Donner, weder Feuer noch Wasser. Es kam zu Katastrophen auf Erden, so dass die Menschen meinten, der Weltuntergang habe begonnen. Und die Lutherntaler fragten sich, ob ihnen das hoch zu verzinsende Geld etwas nützen würde.

Nach einiger Zeit, als alle Menschen in der Gegend des Hinterlandes den Rosenkranz bloss noch verkehrt herum beteten, merkte Gott, dass das Durcheinander vom Geldteufel stammte, dass der ihn mit der neuen Rosenkranz-Unordnung ärgern wollte.

Als Gold Seppeli nach dem ersten Monat seinen Zins abholen wollte, entschuldigte sich das Geldteufelchen. «Ich brauche ein halbes Jahr, bis es zur Geldvermehrung kommt», erklärte es. Gold Seppeli glaubte es.

Immer mehr, ein Mann nach dem andern, wollten Zins abholen. Die Frauen spürten, dass etwas nicht stimmte; fast jede Familie war in die Sache hineingezogen. Keiner verriet es weder der eigenen Frau und schon gar nicht Verwandten. Alle hofften und alle glaubten, sie würden die «Ausnahme» sein. Alle beteten wie nie zuvor, hatten Gott im Hintergrund. Für Gott hatte niemand Verständnis; der konnte ruhig etwas springen lassen. Gott musste sie doch erhören und sie zur Ausnahme des Unmöglichen machen.

Ein halbes Jahr später kam die Ernüchterung. Eines Sonntags schimpfte der Pfarrer von der Kanzel herunter. Das hättet ihr hören sollen. Und wie die Kanzel zitterte, die Mädchen bekamen Angst, sie könnte sich lösen und auf sie herunterfallen. Grimmig rief er: «Ich weiss, dass ein Scharlatan Himmel und Erde durcheinandergebracht hat. Der Herrgott hat mich wissen lassen, dass, wenn es so im Lutherntal weiter geht, Rüfen vom Napf herunterstürzen, es hagelt und Blitze schlagen in die Häuser ein, Scheunen brennen ab. Gott warnt alle, denn er hat genug vom falschen Rosenkranz und der Geheimnistuerei. Schluss damit!» Ganz autoritär befahl er: «Alle auf die Knie! Alle das *Confiteor* beten!»

Gold Seppeli ging selten in den Gottesdienst. Beim pfarrherrlichen Donnerwetter war er dabei, er war wegen des Geldes, das er erwartete, ein frommer Mann geworden. Wie hatte er den verkehrten Rosenkranz gebetet! Nun wusste er wie vom Blitz getroffen: das Ganze war ein Betrug. Doch er kam sich privilegiert vor und meinte, da er der Erste gewesen sei, falle für ihn etwas ab. Auch wenn es nur ein ganz kleines Bisschen wäre – besser als nichts.

Nach der Predigt verliess er äusserst nervös die Kirche und hetzte dem Lutherbad zu. Als Erster wollte er den verrückten Geldmagier sehen und mit ihm ein ernstes Wort reden.

Der Herr Magier war weg. Ein Bauer, der ziemlich abseits lebte, sagte Gold Seppeli, dass er einen Mann mit einer grossen Tasche und grosser Hast gesehen habe. Er nehme an, dass dieser nach Hüswil eilte, um dort den Zug ins Bernbiet zu erreichen. So war wohl der Geldteufel verschwunden, das Geld kam nie wieder.

Nur gab es nochmals eine Donnerpredigt vom Pfarrer. Dieser *Heer* war mutig: Nachdem er das Ganze analysiert hatte, kam er zur Überzeugung, dass der Betrüger weder ein Berner noch ein Jude gewesen sein konnte. Warum? Beide hätten doch nicht so mit dem Rosenkranz spielen können. Das musste schon ein Katholik sein – wahrscheinlich einer mitten unter ihnen.

Für Gold Seppeli war alles nicht so schlimm. Über den Rest der Bevölkerung brach eine Katastrophe herein. Es war erstaunlich, dass die Leute noch ärmer werden konnten, hatte doch vorher jeder behauptet, nichts zu besitzen – und nun soll dieser Gauner schätzungsweise zwei Millionen erschlichen haben. Den eigenen Verlust gab zwar niemand zu, aber man glaubte, ein paar Bessere hätten doch etwas erhalten. Doch wer denn? Auf solch vergiftende Gerüchte ging der Pfarrer in einer nächsten Predigt ein. Nachdem der Geldteufel einer unter ihnen sein konnte, musste er anderen zum Mundstopfen Geld geben, denn – so nahm man an – allein zieht keiner so etwas durch. Man glaubt bis heute, dass es Ausnahmen gegeben hat. Schliesslich hatte der Betrüger jedem ins Ohr geflüstert: «Du bist die Ausnahme.» Es kam zu Verdächtigungen, und bis heute ist das Verhältnis zu Bauern, die eines Tages einfach reich waren, gestört. Niemand traut dem Nächsten; der könnte halt doch die Ausnahme gewesen sein.

Gold Seppeli starb anfangs der Dreissiger Jahre, zwar arm und fromm, doch mit dem Zunamen Gold gekrönt. Den Rosenkranz hat er nie mehr gebetet, aber immer – das wurde von allen bemerkt – hat er «die Ostern gemacht».

Konkurs – und du bist öffentlich tot

Ob er nicht einen Presseausschnittdienst abonnieren könne? Da er ganz klar nach bestimmten Nachrichten Ausschau halte, bräuchte er wohl den Wust der drei abonnierten Zeitungen nicht. Er konnte bei einem Presseausschnittdienst alle Konkurse ins Haus bestellen. Dann hätte er nicht nur die Konkurse von Zürich und Bern, sondern auch von St. Gallen oder Luzern. Er wehrte mit den Händen ab und meinte *cool*: «Du begreifst nichts!»

Irgendwie glich er meiner Mutter, die, je älter sie wurde, desto ausschliesslicher sich für die Toten interessierte. Als eine in ihrem Leben grosse Zeitungsleserin las sie nach achtzig nur noch Todesanzeigen und Nachrufe auf bekannte Personen der näheren und weiteren Umgebung.

Immer wieder kam es wie in einer Litanei: «Die war doch verschwägert mit denen, die uns damals halfen, oder weisst du nicht mehr?» Sie hatte drei Zeitungen dazu abonniert, zwei aus der früheren Umgebung von Sursee und Willisau, und eine mit innerschweizerischer Orientierung und Wachsamkeit.

GB war zwar erst um die 65. Wollte er eigentlich bis ans Lebensende fortfahren, die Konkurse anderer Leute zu lesen?

Jeden Morgen musste er noch vor dem Morgenessen das *Tagblatt* haben. Darin durchwühlte er auf Seite zwei die Spalten der Konkurse. Später ging er geduldig die *Neue Zürcher Zeitung* und schliesslich noch den *Bund* durch. Er interessierte sich für nichts anderes in der Welt oder aus seiner Zeitung. Nur Konkurse.

Wenn immer er jemand unter den Konkurs Gegangenen kannte, begann sein Tag aufgestellter und mit dem selbstzufriedenen Ausspruch: «Schau da, jetzt hat's den auch überstellt!» Deshalb begann und gestaltete sich GBs Tag, je nachdem wer Konkurs gegangen war. Konkurse anderer trösteten ihn – man hatte das Gefühl – ausserordentlich; Konkurse konnten ihn überglücklich machen. Wenigstens einer profitierte vom Unglück – GB.

Konkurse lesen tat er seit über 20 Jahren. Damals wurde er durch Intrigen selbst zum Konkurs gezwungen. Über diese Schande – wie er es sah – kam er nie hinweg. Je mehr andere Unternehmer und Betriebe auf seine Seite des Schicksals stiessen, desto zufriedener wurde er. «Ist denn dieses Interesse schlimm? Oder meint ihr, das sei Schadenfreude?»

GB war überzeugt, dass seine Tätigkeit Solidarität bedeutete.

«Dafür brauchst du doch nicht drei Zeitungen. Du kannst effizienter zum Wissen kommen.» Auf meinen Einwand sagte er:

«Du begreifst nichts, aber auch gar nichts. Ich will doch dieses Resultat nicht auf dem Tablett serviert, nicht bereits ausgeschnitten, vorsortiert und isoliert zu Gesicht bekommen. Ich gehe auf die Suche nach Konkursen. Ich gehe mit. Ob einer nur auf der Gemeindeebene erscheint oder auf kantonaler Seite zur Schande kommt, oder es sogar ins internationale Umfeld schafft, das ist der Clou.»

Aber warum Konkurse? Woher dieser Tick? GB ging vor etwa 20 Jahren Konkurs. Das hat ihn traumatisiert und zum Neurotiker gemacht.

«Du kannst diese komische Suche nach Konkursen in den Zeitungen mit deiner Mutter und ihren Todesanzeigen vergleichen. Dennoch ist es etwas anders. Sie lebt noch, und sie schaut Toten erst entgegen. Ich lebe mit einem Konkurs auf dem Buckel. Wer zu meiner Zeit Konkurs ging, der war geschäftlich und politisch für immer erledigt. Er war tot. So lebe ich im Reich der Toten. Also, lass mir meine Geister! Ich raschle wie Geister. Auch dazu brauche ich echte Zeitungen und nicht einfach Ausschnitte.»

Er schlug das *Tagblatt* abermals auf. Er kannte seine neuen Mit-Geister schon. Ein Zucken und ein Ruck. «Stell Dir vor, das hätte ich fast übersehen. Jetzt führen sie Konkurse auch noch auf dieser Seite. Immer mehr gehen in Konkurs. Schau dir das an! Das ist wirklich neu: ein Konkurs auf Staatsebene.»

Nun lebte er in einem Staat, in dem ebenfalls Teile in Konkurs gingen. Brauchte er sich da noch zu schämen? Diese Purifikation kam zu spät für ihn. Er war längst so angeknackst, dass es keine Heilung mehr gab.

Er flitzte weiter durch Zeitungen auf der Suche nach Konkursen. Und wie er diese Seiten am Tisch sitzend umschlug, rutz-zuck – rutz-zuck und zuck. Es tönt wie der Schlag einer Stahlrute auf Beton, oder die Geräusche der Sensen, mit denen man die letzten Büschel am Abhang und in Tobeln des Napfs schneidet.

Autohüten auf der Alp

Vater Imfeld liebte nicht nur das obwaldische Braunvieh, sondern auch die Alpen, auf denen dieses im Sommer weiden konnte. Er war in jungen Jahren, bevor Grossvater von Lungern wegen des Kraftwerkbaus wegziehen musste und einige Jahre später im luzernischen Hinterland ansässig wurde, selbst Alphirt gewesen. Nach der Primarschule ging er im Sommer auf die Alp. Das Alpleben war sein lebenslanger Traum.

Mit sechzig übergab er den Hof an zwei von seinen Söhnen: Werner und Sepp. Er war – bei Gott – kein Kleber; sondern einer – wie viele andere Bauern – der seinen Söhnen übergeben konnte. Er hatte es vorausgesagt und sich daran gehalten. Zu tun würde er bestimmt genug haben, zudem konnte er auf dem Hof bleiben. Aber auch dafür hatte er seine eigenen Ansichten: Zusammen mit Mutter nahm er eine Wohnung im Nachbardorf. Er wusste es und sprach es immer wieder am Jasstisch aus: «Distanz ist wichtig. Die Jungen sollen sich nicht von den Alten beobachtet fühlen.»

Nach dem Abtritt vom Hof und dessen Übergabe kam Vaters Fieber für das Alpen ganz heftig zurück. Er wusste jedoch, dass er mit sechzig dafür zu alt war, denn Alpen ist kein Spass – wenn man einem davongelaufenen Stück Vieh nachgehen musste, konnte dieses Auf und Ab ganz schön aufs Herz schlagen. Er überschätzte sich nicht; doch wurde er weit herum als weiser Mann geachtet.

Vater Imfeld tat auf den ersten Blick etwas ziemlich Verrücktes: Er wurde Autoparkwart in Melchsee-Frutt, dort, wo sein früheres Alpterritorium lag, ein Gebiet, das er bestens kannte.

Auf einer von Bund und Kanton subventionierten, aber dennoch privaten Strasse kann man mit Autos bis an den Rand dieser Alpen fahren; dort muss geparkt werden. Die meisten Besucher wollen von da aus wandern.

Die geparkten Autos sollten bewacht werden – warum eigentlich? Es ging jedoch um die Erhebung der Park-, Eintritts- oder besser Benutzergebühr. Jemand musste ja die Kosten für den Platz und den Unterhalt der privaten Bergstrasse und der Wege schliesslich bezahlen.

Statt der Kühe hütete also Vater Imfeld Autos. Das störte ihn wenig. Wenn man ihn auf die Abgase ansprach, erwiderte er: «Nach sechzig können einem bloss noch Menschen Schaden zufügen.» Von Ökologie hielt er nicht viel. Zudem war dieser Parkplatz der gute Ausgangspunkt für seine eigenen Wanderungen geworden. Mit dem langen Stecken in der Hand besuchte er jeweils die verschiedenen Alpen und trank hier und dort ein *Chöli* – das ist der obwaldische Berglerkaffee, als «Kaffee fertig» serviert. Das *Chöli* gehörte auf die Alp: ein *Chacheli* mit Kaffee und Schnaps, meistens *Träsch*.

Aber vieles war nicht mehr so wie einst. Doch Vater Imfeld war kein Nostalgiker. Immer wieder hatte er den Bauern gesagt: «Die Welt geht weiter. Nicht die Welt hat sich uns anzupassen, wir haben uns der Welt anzupassen.» Um über diese Weisheit zu räsonieren, wurde am besten mit anderen Bauern zusammen die Diskussion in einen Jass eingebaut, und dazu manches *Chöli* getrunken.

Heute gibt es das Elektrische und das Telefon auch auf der Alp. Manche Älpler fahren ein Fahrzeug mit Vierradantrieb. Doch geblieben sind die Schafe und Kühe, Vaters liebes Braunvieh, das Einteilen der Weiden und auch das *Chöli* und – leider – ganz wenig Käse, denn fast alle Milch wird mit einer Seilbahn zur Verwertung ins Tal gefahren. Vater Imfeld sagte: «Früher ging es auch ums Käsen, heute nur noch ums *Managen* des Viehs.»

Das Wort *managen* gebrauchte er mühelos. Statt wie einst vom Älpler, meinte er, würde man heute besser von Alpmanagement reden. «Wir müssen mit der Zeit gehen; wir haben uns der Welt anzupassen.»

Vater Imfeld hütete also Autos, die kannte er nicht so gut wie das Braunvieh. Er war ein ausserordentlicher Kenner der Braunviehrasse. Für ihn kamen die besten Rinder begreiflicherweise von den Obwaldner Alpen. Bei seinen Alpgängen stellte er jeweils fest, wo ein ausserordentlich gutes oder hoffnungsvolles Rind weidete, wem es gehörte, um später eventuell als Käufer für andere Bauern im Mittelland zurückzukommen.

Nach der Alpabfahrt, auf dem damals weit herum bekannten Braunviehmarkt in Zug, konnte Vater Imfeld seine vorgemerkten Rinder feststellen. Als Hobby nach der Pensionierung hatte er nämlich «ein klein wenig Braunviehhandel» begonnen, wie er untertreibend und lächelnd sagte. Er kaufte nicht für sich; auf dem übergebenen Hof wollte er unter keinen Umständen dreinpfuschen. Vor dem Zuger Markt ging er zu seinen Bauern und sagte ihnen im voraus, dass es in Zug etwas, nein, genau das Richtige, für sie zu kaufen gebe und sie mitkommen und selbst schauen sollten. Er war stolz, dass im ganzen Kanton «seine» Kühe standen. Er kannte und liebte sie. Er freute sich über sie, wenn es ihnen gut ging. Er war traurig, wenn ein Unglück mit einer von ihm vermittelten Kuh passierte.

Vater Imfeld sass also auf dem Parkplatz und las Romanheftchen. Er liebte diese billigen Schriften und ärgerte sich längst nicht mehr, wenn ihn seine Kinder mit seiner Vorliebe für Kitsch neckten. Die Rinder hatte er im Kopf, nie machte er sich eine Notiz. Den Inhalt der billigen Heftli las er und vergass alles auf der Stelle. Ja, er konnte das selbe Heftli mehrmals lesen, ohne es zu merken.

Er verrichtete seinen Job mit viel Humor. Viele Autofahrer fluchten bitter böse, weil sie Gebühren zahlen sollten. Andere mieden den offiziellen Parkplatz und parkten weiter unten auf dem kargen Land, oder gar am Rand der engen Strasse. Das hatte Vater Imfeld zu verhindern; er musste täglich ein paarmal die Strasse hinunter und dann wieder hoch laufen. Ausnahmen gab es ohne Parkschein nicht. Er musste den Automobilisten erklären, dass sie allein schon für das Herfahren bezahlen müssten. Andere wollten weiterfahren; er hatte sie aufzuhalten. Das alles tat er – wie viele heute noch bezeugen – würdevoll und mit viel Überzeugungskraft. Dennoch: «Das war alles viel schwieriger als Vieh hüten.»

Da fuhr einer mit einem modernen Jeep daher und wollte weiter ins Gelände. Vater Imfeld hielt ihn auf: «Das geht nicht.»

Der Fahrer dachte, Vater Imfeld mache sich über sein Fahrzeug lustig. «Doch! Ich habe einen Sohn, der durch die Sahara gefahren ist. Ich selbst war einige Male in Afrika und kenne diese Staubstrassen. Natürlich geht das!»

«Aber das hier ist kein Testgelände, keine Steppe und keine Sahara; all dies würde Ihr Fahrzeug glänzend schaffen. Hier geht es ums Vieh, das nicht gestört werden soll.»

«Spinnen sie? Ums Vieh soll es gehen? Es geht wie überall um Geld!»

«Klar. Aber daneben lebt das Vieh, das hier weidet. Auf der Alp besitzt es sozusagen Spezialrechte; es braucht Ruhe, damit es gedeiht.»

Der Fahrer begriff. Vater Imfeld soll ihm die Gebühr erlassen haben; stur wollte er nicht sein. *S'Föifi lo grad si*, war seine Devise. Diese gehörte zum Menschlichen – das Unmenschliche begann für ihn mit dem sturen Einhalten von Vorschriften.

Einige, vor allem jüngere Einheimische, fuhren forsch durch alle Sperren und gebärdeten sich wie die Allmacht selbst. Solche Art und Weise konnte ihn grausam aufregen. «Wenn ausgerechnet die Einheimischen nicht mehr wissen, dass gesundes Vieh nicht nur Alpgras, sondern auch Ruhe braucht, das macht mich wild.»

Die Besitzersöhne aus dem Tal benahmen sich wie Herren. Sie fuhren an ihm wie an einem Idioten vorbei. Er konnte nichts machen: meist schlossen sie sogar die Autofenster und taten so, als hörten sie nichts. Ihm blieb nur, traurig festzustellen: «Ja, ja, diese Jugend weiss nichts mehr von Vieh und Alpen...»

Später kam etwas Neues hinzu, und er wusste nicht, was er tun sollte. Die Mountainbiker kamen nach Melchsee-Frutt. Immer mehr und mehr. Ob diese auch in seinen Herrschaftsbereich gehörten? Es gab keine Vorschriften und kein Verbot. Diese «Snobfahrer», wie Vater Imfeld sie nannte, waren völlig unkontrollierbar und fuhren wie Furien in die Alpen hinein und auf diesen herum, erschreckten Rinder und hatten ihr Gaudi dabei.

Das war zuviel für Vater Imfeld. Mit der Ohnmacht konnte er schwer leben. Und warum sollte er sich aufregen, wenn er ausweichen konnte und sich das alles gar nicht ansehen musste? Nichts schien ihm mehr logisch: Da hatte er mit viel Witz den Automobilisten das Ruhebedürfnis von Rindern erklärt, und nun durften die Biker sich austoben – warum nicht auch die Automobilisten? Das war weder logisch noch fair.

Er bekam schwere Zweifel. Ob nicht doch alles nur Geld war? Hatte er sich vielleicht eingeredet, dass man die Strasse, den Parkplatz und die Ruhe für das Vieh eingerichtet hatte?

Als die Alpgenossenschaft nichts unternehmen wollte, konnte er nicht mehr: sein Sommerjob war für ihn nach mehreren Jahren zu Ende. Im Herbst zog er mit dem Vieh zu Tal. Deprimiert lief er mit bis nach Flüeli. Von dort ging er allein in den Ranft hinunter, um Bruder Klaus sein Leid zu klagen.

Sohn Werner fuhr mit Mutter Imfeld nach Flüeli, um den Vater abzuholen. Er und Mutter Imfeld mussten lange warten. Alle, die wissen konnten, wo sich Vater Imfeld befand, sagten: «Der Imfeld ging hinunter zum Bruder Klaus.»

Vater Imfeld kam endlich traurig zurück. «Hatte denn Bruder Klaus keine Botschaft für dich?»

Fast scherzend erwiderte er: «Bruder Klaus sagt nichts mehr, denn jedes Wort von ihm blockiert die Zukunft. Wir haben uns der Welt anzupassen. Darüber denkt auch Bruder Klaus nach.»

Dann sagte er zu Werner: «Komm, wir fahren nach Lungern, machen dort einen Jass und trinken ein *Chöli*. Ech well net brüele.»

Warum, ja, warum nur?

Statt reif und abgeklärt, statt geduldig und gütig werden viele Mütter und Väter im Alter böse und gehässig und, ohne dass sie es selbst wahrnehmen, Gift und Galle, einfach unausstehlich für Mitmenschen. Sehr oft trifft es Schwiegertöchter, die ihrerseits alles tun und sich bis zum letzten aufopfern, um schliesslich als Parasiten und faule Eier angeklagt zu werden. Es gibt die innerfamiliäre Folter: Nadelstich um Nadelstich mit bösen Worten und Blicken, ja sogar mit bewusster Beschädigung oder Vernichtung von lieben Gegenständen, die sie dann der Person, die sie nicht mögen und quälen wollen, zuschieben. Einige der Opfer erdulden ein wirkliches Martyrium. Sie reden bloss noch in sich hinein und fragen sich: «Warum, ja, warum nur?»

Man redet darüber kaum, und die Umgebung schweigt. Über solches zu schreiben, ist schwerster Tabubruch. Selbst wenn es bei der Beerdigung ganz hinten beinah von Mund zu Mund geflüstert wird: «Sei froh, ist sie gestorben!» oder «Jetzt hast du endlich eine Last weniger», darf kein Pfarrer der Welt an einer Beerdigung auch nur etwas von einer diabolischen Seite erwähnen. Es starb die liebste aller Mütter, oder: der beste aller Väter wird zur Ruhe gelegt.

Es passierte einmal in Luthern: Jemand hatte sich hinter einem Grabstein versteckt und rief wie von weit dazwischen:

«Du Folterknecht, endlich trifft es dich! Verdammte Drecksau, verlogener Fremdenhasser! Der Teufel möge dich endlich abholen und geziemend rösten.»

Alle erschraken, und dem Pfarrer verschlug es für einen Moment die Stimme. Drei Burschen wollten die Zwischenrufer einfangen. Aber wie beim Echo tönte es von einer anderen Seite:

«Endlich haben wir Ruhe vor dir!»

Das war wirklich schauderhaft. Die Beerdigungsteilnehmer stoben einfach auseinander, weg vom Friedhof. Der Pfarrer blieb mit dem Toten fast allein zurück. Gefunden wurde nie jemand.

So konnte die Sage entstehen, wie bei Birrers Beerdigung der Teufel alles durcheinandergebracht hat. Und die wahre Begebenheit? Vor Jahren hatten vier junge Männer beim Kaffee Schnaps Frau Birrer versprochen, wenn ihr Gatte sterbe, würden sie den Teufel spielen. Niemand nahm das ernst. Man machte manchen Jux, und nur mit Jux überlebten viele. Drei der vier Männer hielten ihr Versprechen.

Es gab nicht nur böse Schwiegermütter. Es gab auch Männer in dieser Rolle. Da gab es meinen Grossvater, dem ich unermesslich viel verdanke. Er war ein ausserordentlich frommer Mann und gehörte dem Dritten Orden an. Der heilige Franziskus soll für Laien, vor allem aber für ältere Männer, etwas Eigenes gegründet haben. Rosenkranz betend sollten sie durch den Tag des Bauernhofs atmen und leben. Bei Grossvater begann dies schon morgens um 4 Uhr, wenn er den ersten Rosenkranz im Bett betete. Wir Buben schliefen in seiner Kammer. Um sechs Uhr nahm er uns mit ins Gebet. Neben diesem Gebet sollte ein Mann des Dritten Ordens täglich zur Messe gehen. So war mein Grossvater, der auf unserem Hof lebte, «fromm wie kein anderer Mensch», so sagten alle, die ihn kannten. Gerade deshalb konnte ich es nicht verstehen, warum er immer wieder meine Mutter verletzte. Mutter stammte aus liberalem Haus, und das war für Grossvater schlimm – er glaubte, dass alle Liberalen nicht in den Himmel kämen. Logisch war das nicht; eigentlich hätte er ja froh sein können, dort seine Schwiegertochter nicht anzutreffen. Vater hatte also eine kleine Teufelin geheiratet. Darauf kam Grossvater immer und immer wieder zurück, vor allem dann, wenn Mutter herum war und es mitbekam. Als ich am Gymnasium studierte, meinte er, wir würden nichts anderes tun, als Messe lesen lernen und christliche Moral pauken. Kam ich nach Hause in die Ferien, konnte er tatsächlich jedes Mal angesichts der Mutter fragen: «Habt ihr nun schon gelernt, ob Liberale in den Himmel kommen?» Mutter begann jeweils zu weinen. Das ging so weiter: nach der zweiten, der dritten, der vierten Klasse. In der fünften Klasse hatte ich genug. Mich packte die Wut. Jähzornig rief ich ihm zu: «Geh doch weg, wenn du nicht mit einer Teufelin zusammenleben kannst!» Er ging – und starb kurze Zeit danach. Er war ein Heiliger, sagten alle.

Später kam da noch ein Mann in die Familie, der Löwenwirt. Au, war der stur! Ein grossartiger Wirt, der seinen Gästen gegenüber der freundlichste, liebste Gastgeber und ein weit herum geschätzter Mann war – in der Familie jedoch wurde er je älter, desto unausstehlicher. Seine Frau ertrug ihn mit grösstem Heroismus. Der Krach brach gnadenlos über den Sohn aus, als der von langer Erfahrung in der Welt zurückkam, um den Gasthof nicht nur zu übernehmen, sondern auch zu erneuern. Für den Vater war das Alte gut genug: diese knarrenden Dielen, die wohl hundertjährigen Tische mit vielen Spuren der Geschichte. Warum sollte der Sohn mit Renovation sein Geld zum Fenster hinauswerfen? Warum musste dieser all das Neue, das doch niemand im Hinterland wolle, wie der Vater immer wieder betonte, daherbringen? Der Sohn gab ihm anfangs jede Chance, wie ein alter Chef bei den Gästen zu bleiben und etwas mit zu trinken.

Die Schwiegertochter – vielleicht war sie der Stein des Anstosses – die mochte er ganz und gar nicht. Die kam aus der falschen Gegend. Sie wollte seiner Ansicht nach nur Geld. Sie stiess seinen Sohn in den Abgrund. Die hatte – das war seine Annahme – seinen Sohn kaputt gemacht.

Zudem war der alte Wirt krankhaft misstrauisch. Er hatte bei der Betriebsübergabe an den Sohn nur das Notwendigste wissen lassen. Stets kamen neue Fakten an den Tag. Eines Tages ging es nicht mehr: Der Sohn hatte das Stöckli renovieren lassen, und dorthin befahl er nun seinen Vater. Dieser Vater war nur noch Gift und Galle; auch für die Töchter unausstehlich oder kaum zu ertragen. Was seine Frau ertrug, das kann bloss erahnt werden. Es ist ein Geheimnis besonderer Art: Menschen solchen Schlags wollen und können nicht sterben. Warum? Macht ihr Gift sie lebendig?

Als er endlich doch starb, brauchte es Monate, um seine Geheimniskrämerei auseinanderzunehmen. Sein Sohn wollte von allem auch nach dem Tod des Vaters nichts wissen; er hatte genug von diesem Vater und brauchte zunächst eine Pause.

Eine weitere Schwester zerbrach beinahe an ihrer Schwiegermutter. Jahrelang hütete und umsorgte sie diese bei sich zu Hause. Su konnte tun, was sie wollte, immer war es falsch. Sie wurde angeklagt, sie wolle ihre Schwiegermutter umbringen, vergiften, ersticken oder verhungern lassen. Alles, was sie tat, wurde böswillig ausgelegt. Sie litt auch wegen ihres Mannes, der zu schwach positiv Stellung für sie bezog. Dem Sohn erzählte seine Mutter die schlimmsten Ammenmärchen; Su konnte sie in der Küche durch die Wände hindurch hören, denn längst kannte sie die Verleumdungen vor- und rückwärts. Die Schwiegermutter kam stets auf zwei Anklagepunkte: einerseits würde seine Frau seiner Familie alles stehlen, es wegräumen und ihn eines Tages mittellos liegen lassen, anderseits würde Su sie, die Schwiegermutter statt pflegen ganz langsam vergiften, und wenn er nicht da sei, würde sie das für sie Zugedachte essen oder verschwinden lassen. Überall sah oder ahnte sie Gift. Su ging durch diese Hölle hindurch. Selbst ihr Mann ahnte davon nichts; er meinte mit der Zeit, dass Su übertreibe. Also zog Su sich ganz auf sich zurück. Sie erzählte kaum mehr etwas und schluckte und schluckte, bis Schwiegermutter starb.

Gleichzeitig ging das Leiden einer anderen Schwester weiter. Bis vorgestern. Ich schreibe dieses am Tag der Beerdigung der Schwiegermutter.

Zusammen mit ihrem Mann hatte sie ihren zwei Söhnen einen Pachthof am Sempachersee vermacht. Es muss ihr Hof gewesen sein; dementsprechend benahm sie sich. Immer wieder betonte sie, was sie alles für die Jungen getan habe. Als einer der Söhne heiratete, zog keine junge Frau, sondern der Teufel persönlich ein. Man hatte vor der Heirat für die Eltern extra ein Haus in Sichtweite das Bauernhauses bauen lassen. In diesem sass nach der Hochzeit die Schwiegermutter darin wie in einem Wachthaus.

Sie sah alles, ruhte nicht, Tag und Nacht nahm sie jedes Licht und sogar die Schatten wahr. Später hat sie sich gar ein Fernrohr – einen Operngucker, spotteten wir – angeschafft. Damit konnte sie vergrössert beobachten, was im anderen Haus die böse Schwiegertochter tat, was sie doch längst wusste. Jede Vergrösserung half an der inneren Vergrösserung eines tragischen Traumas.

Es gab Kinder – eins, zwei, drei, vier. Diese liebte sie zwar so sehr, dass man ab und zu den Verdacht haben konnte, sie wollte sie der Schwiegertochter wegliehen. Jede Massnahme und jede Veränderung wurde sofort wahrgenommen und über Umwege kritisiert.

Sie liebte es, Gerüchte auszustreuen. Da entstanden teuflische Klüngel – und wie alles Diabolische bestand es aus lauter Widersprüchen. Das Teuflische enthält keine Logik. Die neue Frau des Hauses hatte ihr die Kinder weggenommen, hatte die Söhne böse gemacht. Das Schlimmste gar war die Anklage, dass die Hausfrau faul sei, obwohl sie Tag und Nacht schuftete. Meine Schwester liess sich ihren Weg langsam zerstören, sie wurde nervös und krank. Sie tat nicht bloss die Arbeit im Haus und schaute für Essen und Trinken, achtete auf die Kinder, erzog sie mit grosser Umsicht. Sie arbeitete zudem auf dem Hof mit: sie half meist bis zum Umfallen in Stall und auf dem Hof. Sie zerbrach langsam und schwächte sich dermassen, dass sie immer öfter nur noch weinen konnte.

Gottlob gab es viel Besuch. Dieser jedoch kam für die Schwiegermutter viel zu oft aus der Familie Imfeld; für sie der Beweis, dass die Schwiegertochter langsam aber sicher in ihre Familie, zu den Imfelds zurückdriftete. Den Priesterbruder mochte sie auch nicht sehen; diesen Betrüger und Hochstapler. Sie selbst war überaus fromm; sie ging sehr oft in die nahe gelegene Kirche. Vielleicht ging sie immer weniger, es könnte ihr doch etwas von den Untaten der Schwiegertochter entgehen. Sah sie meine Schwester zur Kirche gehen, ging sie ganz offen, meist aber klammheimlich in die Küche der Schwiegertochter, um nachzusehen, ob diese auch Ordnung halte.

Auf dem Hof wurde viel und zünftig gejasst. Wenigstens das. Meine Schwester liebte den Jass. Ein paar verrückte Spielstunden halfen ihr über vieles hinweg. Sie liebte Gäste, als ob sie damit ihre Schwiegermutter einfach aus dem Konzept bringen wollte.

Je älter die Schwiegermutter wurde, desto schlimmer das Ganze; es gab kein Entrinnen mehr. Die Verrücktheit wurde System. Was ist das in den letzten zwanzig Jahren für ein Leben gewesen? Warum wird ein Mensch so, von dem alle behaupten, in früheren, jungen Jahren die Liebe selbst gewesen zu sein? Warum werden viele Fromme derart misstrauisch und böse? Nicht nur mit Söhnen und Töchtern – auch mit anderen Religionen und Menschen. Ihre Welt wurde dauernd verwundet (durch was?), und Verwundete geben wohl später ihr Gift verstärkt ab. Kann denn das Schwiegermuttersyndrom nie gestoppt werden? Jede Beerdigung dieser Art kommt viel zu spät.

Letztere war die jüngste der Schwestern, aber es begann schon mit der ältesten. Das ist eine zynische Umrahmung des Glücks, meine ich. Bei ihrer Hochzeit befand ich mich in den

USA. Als ich zwischendurch einmal in die Schweiz zurückkam, besuchte ich meine nun verheiratete Schwester im Toggenburgischen. Dort besass die Schwiegermutter einen Bauernhof mit einem Gasthaus – eine Kombination, wie sie im St. Gallischen und Appenzell oft vorkam. Mit der Heirat ihres Sohnes, der zu Hause geblieben und Bauer geworden war, hätte man erwarten dürfen, dass die Schwiegermutter in den Hintergrund treten würde.

Ich kam nach Gähwil, wurde von der Schwiegermutter empfangen und in die Gaststube gebracht. Ich bestellte ein Bier, bezahlte es und wartete auf meine Schwester. Nach einer halben Stunde, in der ich versucht hatte, mit der Schwiegermutter ein Gespräch aufzubauen, fragte ich die Frau, die über die Theke gelehnt in den Raum schaute und wie abwesend nach jeweils langen Wartesekunden ein müdes Ja oder ein knorriges Nein von sich gab, ob meine Schwester vielleicht nicht zuhause sei? Sie antwortete störrisch und gnadenlos, aber endlich mit einem ganzen Satz:

«Hier bestimme ich, wann sie hereinkommt!» Erst nach einer Stunde bekam ich meine Schwester zu sehen, und nur in der Gegenwart der Schwiegermutter. In diesen Räumen stand eine fast unerträgliche Kälte. Eine niederschmetternde Stimmung kam aus allen Spalten und Ritzen einer alten Bauernstube; wobei jeder sich fragte, ob da nicht bald alles in den Keller fiele. Aber ganz Altes fällt nie weit, und was so lang gehalten hat, bleibt stabil. Auf diesem Prinzip baut der afrikanische Mensch die Wartung seiner Dinge auf, indem er alles belässt, und es älter und somit stabiler werden lässt.

Dieser Besuch war für mich ein Kälteschock; ich hatte den Bereich der Ohnmacht und somit die Welt der Gespenster betreten. In diesem Moment war ich der Optimist, der solche Sachen vorerst nicht tragisch, sondern höchstens daneben findet. Eines stellte ich bei diesem Besuch allerdings fest: Chef und Manager, Kontrolleur und Aufpeitscher war Schwiegermutter.

Ihr Sohn war sehr religiös und äusserte sich zu nichts. Er lebte still und zurückgezogen. Wenn er sich öffentlich zeigen musste, ging er später und verliess den Anlass früher. Später begann er, zu Hause zu trinken.

Die Schwester musste bald feststellen, dass sie nichts anderes als eine billige Magd war; Luzerner und St. Galler hatten anscheinend immer gegenseitige Schwierigkeiten gehabt. Selbst unter uns Studenten ertrugen sich Ostschweizer und Luzerner schlecht. Was es war, haben wir nie analysiert oder gar definieren können – ausser einem: die Ostschweizer waren durch das Kloster St.Gallen und seine Satrapen äusserst fromm eingestellt. Meine Schwester war zu einer verheirateten Sklavin geworden. Die Mutter hat in ihrer religiösen Sturheit und Selbstgerechtigkeit ihren eigenen Sohn, für den sie vorgab, alles zu tun, krank gemacht.

Als die Schwiegermutter schliesslich starb, wurde geteilt; Julia und Willy zogen aus, in der Hoffnung, neu beginnen zu dürfen.

Schwiegermütter und Gott sind zu einem Fragezeichen dieser Welt geworden. Warum ja, warum passt Gott diese Welt solchen Müttern mit falschem Gehorsam und einem zynischen Gebet an? Und warum ändert sich das nicht?

Ich werde moralisch, sagt ihr. Ist das jedoch nicht – falls es eine gibt – eine sehr moralische Angelegenheit? Und kommt mir ja nicht damit, dass die Welt «so sei», und dass daran alle selbst die Schuld trügen.

Gottlob kenne ich auch eine herrliche Ausnahme in meiner grossen Familie. Ich verrate euch sogar, dass diese im Entlebuch lebt. Doch darüber will ich nicht schreiben; ich habe eine magische Angst, dass, wenn das Gute öffentlich zur Schau gestellt wird, es dann schnell zum Vergilben oder Abbröckeln kommt.

Die ungeklärte Wut des Sergei Dachevski

Wie kommt ein Russe aus Sibirien nach Schötz? Niemand kennt den Anfang der Geschichte. Es kann nur etwas mit dem scheinbar doch international verbindenden Radsport zu tun haben. Radrennfahrer gibt es auf der ganzen Welt, und viele nationale Verbände haben ihr Fachblatt, und in diesen sind die Radrennen ausgeschrieben. Ich nehme an, dass auf solchem Weg Sergei Dachevski nach Schötz ins Luzerner Hinterland kam. Hier findet jährlich ein 24-Stunden-Rennen statt.

Es war schon beinah makaber, dass der russische Radrenner Sergei Dachevski im Hinterländer Volks- und Allotriamuseum untergebracht war – hier befand sich doch das, was vorbei und *out* war, der Vergangenheit angehörte. Es ist jedoch nicht verächtlich gemeint und hat nicht damit zu tun, dass die Gemeinde Schötz an den Kosten hätte sparen wollen. Es war einfach so, dass der leidenschaftliche Sammler von volkskundlichen Gegenständen aus dem Napfgebiet und Chef des Museums eine grosse Sympathie für den eigenartigen Mann und seine Frau, die jeweils mit nach Schötz kam, hegte. Bereits das vierte Mal war Dachevski mit einem alten und schäbigen Auto mit Anhänger 8000 Kilometer weit aus dem fernen Russland, sozusagen aus der Tundra ins Wauwilermoos, gekommen.

Am Tag nach dem Rennen steht Dachevskis Gefährt immer noch neben dem Museum in der schattigen Ecke zur Ron, als wir drei Erwachsene und vier Kinder draussen beim Nachtessen sitzen. Vom Tisch aus sehen wir das Gefährt und das russische Paar. Um dessen Gespräch mitzubekommen, war die Distanz zu weit, zudem standen Büsche und Bäume zwischen uns. Wir lassen ein paar Worte über diesen sonderbaren Russen fallen, über die ersten Velovereine im Kanton, in Pfaffnau und Schötz, um dann auf Themen des Hinterlandes und seiner agrarischen Zukunft überzugehen.

Die Bäuerin schöpft reihum den gemischten Bauernsalat, als sie jäh ausruft: «Seht, die dort unten haben wohl einen schönen Krach. Eben hat er das Keyboard auf dem Auto zerschlagen.» Wir schauen alle zur Ecke vor dem Museum und werden Zeugen vom Zerschlagen des Computers. Er hält ihn in beiden Händen und schlägt ihn über den Anhänger: einmal, zweimal, dreimal. Fluchend, schreiend. In Stücke zerschlägt man diese Elektronik nicht; man bricht doch bloss Glas und Umrandungen. Eindeutig für uns: Ehekrach. Ein wohl äusserst wütender Mann lässt Dampf ab – gottseidank schlägt er nicht die Frau. Dennoch ist es ein eigenartiges Verhalten: Wer zerschlägt im Ehekrach PC und Auto? Doch wir machen uns keine weiteren Gedanken. Für uns ist klar: das ist ein peinlicher Ehekrach, und darüber redet man vor Kindern nicht. Wir hören laute Worte, und wie die beiden Computergegenstände zerschlagen werden. Passt das zu einem Ehekrach? Die Teile werden mit viel Wut ins Gras geschmettert. Die Wütenden scheinen sich gegenseitig zu verfluchen, wobei die Gesten der Frau so gedeutet werden konnten, als ob sie ihm den Schrott nachwerfe mit dem Zusatz: «Du bist selbst und alleine schuld. Da hab den Schrott, du Trottel.»

Und er: «Verdammt, so erreiche ich mein Ziel nie!»

«So etwas nennt man Entsorgung», meint HP, der Bauer. Die Kinder haben Spass an solcher Action. Für uns Erwachsene ist das Thema erledigt. Bis der Museumsbesitzer mit Tabakspfeife im Mund vom Dorf hergefahren kommt. Wer hat ihm so rasch berichtet? Kommt er als Schlichter?

Natürlich hätten wir alle gerne mehr gewusst. *Gwundrig* ist der Mensch. Wir können uns nicht einmischen und reden weiter über Bauernphilosophie.

Langsam wird es Nacht. Die Geschichte geht wie tausend andere mit den letzten Sonnenstrahlen unter.

Anderntags treffe ich den Besitzer und Konservator des Museums. Ich frage wie nebenbei, was denn gestern mit den Russen los war?

«Nichts Besonderes. Sergei ist nur fuchsteufelswild und ärgert sich masslos, weil ihn das Computerprogramm irregeführt hat.»

Es war übers Wochenende himmeltrauriges Wetter gewesen, nur Regen ohne Ende. In solcher Lage war ein 24-Stunden-Radrennen schwierig, und Rekorde konnten, wie die Lokalzeitung auf einer Extraseite berichtete, kaum erwartet werden.

Das Schötzer Rennen ist fürs Volk rund ums Wauwilermoos und im Hinterland ein 24stündiges Riesenfest. Gefestet wurde trotz Dauerregen.

Sergei Dachevski fuhr in der Kategorie Liegevelo, in dieser gewann er auch mit 787,710 km nach 24 Stunden. Damit aber war er nicht zufrieden; denn er kam her, um einen Rekord endlich zu brechen, den er zuvor unüberhörbar angekündigt hatte. Er wollte nicht nur gewinnen; er wollte die 1000-Kilometer-Marke erreichen. Er hätte jedoch wissen müssen, dass bei solchem Wetter sein Plan niemals aufgehen konnte. Verrechnen tut sich mancher und gibt dann andern schuld. Zerstörte er seinen Computer, weil der ihm falsche Vorgaben geliefert hatte?

Am Morgen danach war das Dorf voller Spekulationen über Dachevski. Die Geschichte war bereits dramatisiert worden. Eine Frau erzählt vor dem Konsum einer anderen, Sergei würde seine Frau anklagen, sie hätte auf dem Computer herumgespielt und sein ausgeklügeltes Programm zum Weltrekord zerstört. Er sei wahnsinnig wütend auf die Frau und habe gleich den ganzen PC – gottlob nicht über ihr – zerschlagen. Für Sergei sei es verhext, wenn die Frau sich an seinem Computer zu schaffen mache, denn so käme es nie, nie zu einer Harmonie, und von da an würden die Programme nie mehr stimmen können.

Vor einer der Garagen von Schötz steht Sergeis Gefährt mitten im Vormittag. Hätte er nicht abreisen sollen? Man arbeite am Auto, heisst es. Ist er denn noch nicht weg? Er war weg und kam zurück, heisst es. Bereits nach 100 Kilometern sei sein Auto bockstill gestanden. Da er wenig Geld mit sich hatte und auch sonst eine arme Kirchenmaus ist, habe er die Garage in Schötz angerufen, damit die den Wagen abschleppe. Hier konnte er entweder – falls er Glück hatte – auf eine Gratisbehandlung rechnen, oder auf Kredit bis zum nächsten Jahr (falls er dann gewinnt) hoffen. Da stand es also, das geschlagene Gefährt; und am Abend war es wieder in der Ronmühle.

In der Zwischenzeit kursiert eine neue Version. Er soll den PC kaputt geschlagen haben, weil es bei Grenzübergängen bereits zwei Male Schwierigkeiten gegeben habe. «Und wegen eines solchen Sauviehs», soll er dem Garagisten gesagt haben, «nehm ich nichts mehr in Kauf. Etwas Altes verzollt doch keiner.»

Der Dorfpolizist, nach Sergei befragt, berichtet, dass Sergei über alle Grenzen sein müsste, denn die Visa seien alle abgelaufen. Sie hätten ihm mit Stempeln geholfen. Stempel bewirken alles, und besonders in der Welt in Richtung Russland. «Zurück gehts doch immer, oder?»

«Und wie war das mit dem Computer?» frage ich.

Der Polizist sagt: «Der besitzt gar keinen Computer. Das war sozusagen ein altes Möbelstück, ein Abfallprodukt, das er als Sitzmöbel benutzt.»

Ich will wissen, ob der Polizist mich veräppelt. Der beteuert jedoch, dass er nichts von einem «dramatischen Entsorgen» wisse.

Am Mittwoch wurde auf der Wiese ein völlig zerstörter Computer im Gras und ein Keyboard wie ein erhängtes Totem an der Esche aufgelesen und abgehängt, in einen Abfallsack verpackt und zur endgültigen Entsorgung weggefahren.

Ob Sergei mit seinem alten Chlapf nach R-Kpaskolav heimgekehrt ist, wissen wir erst nächstes Jahr, wenn er in Schötz erneut an den Start gehen will.

Noldi, ein glücklicher Kleinbauer

Manches Jahr hatte er gedient, war Knecht bei verschiedenen Bauern gewesen, hatte viel gelernt. Jetzt wollte er es wissen: Heiraten und selbst anfangen! Schliesslich hatte er gespart. War am Sonntag nicht in die Wirtschaft gegangen und deshalb von den Kollegen gehänselt worden. Es hiess: «Der Noldi ist ein Spinner, und er träumt. Besser würde er ab und zu den Traum mit etwas tränken. Sonst fliegt der noch mit ihm davon.» Alle kannten die Weisheit, dass jeder Mensch nur einmal lebt.

Noldi war fleissig und ausdauernd. Das war schon fast selbstverständlich. Was ihn jedoch auszeichnete, war seine Gelehrigkeit. Das war nicht selbstverständlich für einen Hinterländer, der sich gern mit seiner Sturheit durch Granit wie durch ein *Ankemödeli* hindurch bohren will. Nicht so Noldi. Er wusste, dass es nichts zu erzwingen gab. Sein Motto hiess daher: «*Schön süberli!*» Er wollte für später solide Grundlagen hingelegt wissen. Er hatte schliesslich ein Ziel. Dafür musste er viel lernen. Immer guckte er zu und fragte seinen Meister, was der Sinn dieser oder jener Arbeit sei. Dem Meister passte die Fragerei nicht immer; sie machte ihn nervös. Schliesslich hat jeder Bauer, der gleichzeitig Unternehmer ist, seine Tricks. Und man fand es anscheinend gefährlich, wenn der Knecht zu begreifen begann, warum sein Herr dies und jenes tat. Doch Noldi konnte den Lieben, Guten und Naiven glaubhaft spielen. Grade so, dass sein Herr geschmeichelt war und dann von selbst zu reden und erklären begann. Ein Naturtalent war dieser Noldi.

Nach langen Jahren als Knecht stand er nun an der Grenze zum grossen Anfang. Er hatte Heidi, das Mädchen aus einer Kleinbauernfamilie in der Nähe, kennen gelernt. Schon über ein Jahr lang war er jeden Sonntag Nachmittag bis zum Melken zu Kleinbauer Muffs Heidi z'*Chilt* gegangen. Es wurde gejasst und gelacht, während Heidi Kaffee kochte und Schnaps nachschenkte. Dazu gab es die von Heidi gebackenen Schenkeli. Heidi mochte Noldi und wollte mit ihm zusammen Bäuerin werden.

Dazu kam ein anderer Zufall. Der Kleinbauer Muff wollte seine Pacht aufgeben, um etwas Grösseres zu versuchen. Der Muff hatte Noldi versprochen, die heikle Sache mit einer Pachtübernahme für ihn einzufädeln. Er würde mit dem Besitzer in der Stadt reden.

Noldi vergass die Zusage von Muff nie:
«Noldi, du gefällst mir. Du bist einer von uns. Ich gebe dir gerne meine Tochter Heidi. Und mit der Pacht lenke ich es so, indem ich dem Besitzer sage, es sei ein Übergang. Vielleicht käme ich auf den Hof zurück. Zudem ist Heidi meine Tochter. So werde ich es ihm beibringen. Ja, wir schaffen das.»

Der Muff-Hof war klein. Nur 11 Jucharten. Und erst noch am Waldrand gelegen und gegen das Tobel hin. Der Herr in der Stadt könnte wohl froh sein, dass er nochmals einen Pächter finden würde.

Und es kam genau so. Am 12. September, am Marientag, heirateten Noldi und Heidi. Alle in der Gegend waren gerührt und sagten: «Ein echt schweizerisches Paar, der Arnold von Melchtal mit der Heidi!» Selbst von den Grossbauern kam viel Wohlwollen.

Auch das mit der Pacht gelang. Am kommenden 1. März würde er, der Noldi, als Pächter beginnen. An Martini, dem 11. November, hatte er das Knechtsein aufgegeben und war zu Muffs, die genug Platz hatten, gezogen. So konnte der Übergang zur Pacht im Frühling harmonisch stattfinden. Noldi übernahm Hab und Gut, die gesamte Fahrhabe, wie man unter Bauern sagt.

Das neue Jahr wollte es mit Noldi und Heidi sehr gut. Alles gelang. Das Korn stand aufrecht und wurde nicht von Gewittern zerwühlt. Es gab Heu und Emd genug und recht gedörrt. Die sieben Kühe im Stall bekamen gutes Gras und gaben zum Erstaunen aller viel Milch. Kirsch- und Apfelbäume trugen wie seit langem nicht mehr. Allen schien es wohl zu sein.

Manchmal bewahrheiten sich Sprichwörter: «Wer glücklich beginnt, setzt neues Glück.»

Ein Jahr darauf kam das erste Kind. Es war ein Bub, und er erhielt einen urschweizerischen Namen: Werner. Zu dem Glück kam jedoch auch schrittweise Verantwortung hinzu. Beide wussten, dass ein Hof gepachtet werden kann, nicht jedoch das Glück.

Beide waren fleissig und froh, und sie konnten sogar auf Grund einer unerhofften Erbschaft den kleinen Hof kaufen und ausbauen.

Noldi und Heidi hielten grosse Sorge zum Glück; sie pflegten es und waren überzeugt, dass das Hinterland nicht nur ein Jammertal ist. Übrigens lag ein Jammertal ganz nahe in ihrer Nachbarschaft. So nannte man bis vor kurzem einen fast unzugänglichen Hof im Tobel hinter ihnen.

Heidi und Noldi bekamen sieben Kinder, davon sechs Buben. Der älteste wäre beinahe Priester geworden, aber er liess sich nicht weihen, zog als Missionar auf Zeit acht Jahre lang zu den Strassenkindern in Peru und wird demnächst den Hof übernehmen. So rasch geht das Leben weiter. Heidi und Noldi haben sich zusammen mit den eigenen Söhnen ein Stöckli gebaut. Glücklich sind sie noch immer.

Erzwungene Solidarität

Wenn er ab und zu wohlgemut nach Hause kam, der Älteste, der Priester werden sollte, standen seine Geschwister, und jedes Mal waren es mehr, Spalier, um ihn zu begrüssen. Am Ende stand die Mutter, und wer gut hinschaute, sah ein paar Tränen das Gesicht herunterkollern; dies war wohl eine Mischung aus Sorge und Glück.

Mutter tat alles für ihren Sohn Alois. Viel zu viel, aber vielleicht musste das sein, vielleicht blieb von dem Vielzuvielen etwas übrig. Dieses Etwas war, einen Priestersohn in der Familie zu haben. Das höchste Glück auf Erden sei, hiess es, eine Primiz, die feierliche erste Messe, für die man ein Paar Schuhe ablaufen sollte. Der älteste Sohn einer armen Familie sollte Priester werden; falls dies gelang, war nicht nur viel Ehre und Ansehen da, sondern auch etwas hergekommen vom materiellen Reichtum dieser Welt – nach langem Warten fielen ein bisschen Zinsen für all die Opfer und Entsagungen ab. Bis eine Mutter jedoch dieses Glück erreicht hatte, dauerte es manchmal ein Leben lang, um am Ende doch nur Tränen und Enttäuschung zu ernten. Das Schlimmste war, wenn solch ein Sohn mitten auf dem Weg stehen blieb; solches galt als Schande und bei Nachbarn und Bekannten als Versagen der Mutter. Bitterböse und hämisch wurde hintenherum von zu wenig Einsatz, respektive zu wenig Opfer und Gebet, zu wenig Verzicht und zu viel Stolz gemauschelt.

Damals war der Weg zum Priestertum voller Extreme auf allen Seiten. Am besten konnte sich scheinbar Vater draussen halten. Das Religiöse, das Beten und Opfern war anscheinend die Pflicht von Müttern und Kindern.

Es war ein meist grausames und sehr oft unfaires Spiel. Dabei hatten alle Seiten zu leiden – und wussten sehr oft nicht, warum.

Es gab einen sehr starken mysteriösen Teil. Bei diesem Spiel gerieten nach und nach alle in Schuld, und dann sah es aus, als ob der Priester auf lauter Schuldigen aufgebaut wurde – mit der ganz besonderen Mystik eines Opferlamms – und so konnte es geschehen, dass alle darin Verwickelten früher oder später sich als betrogen vorkamen.

Zu Haus hiess es, dass alles für Alois gespart werden müsse; nur er selbst wusste davon nichts. Ihm wurde einfach gesagt, dass Gott schon für alles sorgen werde, wenn Gott es wolle.

Wegen Alois bekamen die Geschwister kein Taschengeld – weil sein Studium so teuer sei. Davon wusste er nichts; er glaubte gar, er trage alles selber mühsam zusammen. Er ging doch jeden Sommer persönlich Standruten laufen und durch die Peinigung des Kollektierens hindurch: Er musste von Haus zu Haus – er nannte dies betteln – seine Noten jedem vorweisen mitsamt einem «Milchbüchlein», in das jede Familie, die etwas gab, Name, Adresse und ihren Beitrag eintragen musste. Somit war auch die Spendefreudigkeit der angesprochenen Leute sozusagen geköpft, denn niemand wollte, derart dokumentiert, geizig sein. Das nennt man sozialen Druck – ganz versteckt, und doch so offen. Es war für alle direkt Betroffenen eine Demütigung ohnegleichen.

Wegen Alois gab es zu Hause keine Bonbons und keine Schokolade; dies sollte Alois am Gymnasium erhalten, damit ihm das Leben versüsst würde und er nicht auf falsche Gedanken käme. Nur er wusste von solchen Absichten nichts, zumal der Präfekt eventuelle Gaben beim Postempfang diskret aus den Sendungen und dem Wäschesack nahm, um sie später vom Christkind allen bringen zu lassen.

Die Geschwister zu Hause mussten wegen Alois auf alles verzichten. Als sie auswärts in die Lehre kamen, mussten sie – wegen Alois – ihr Allerwenigstes heimschicken. So hatten die Geschwister, von Nummer 2 bis Nummer 12, die einen von ganz klein auf, die anderen Jahr für Jahr folgend, eine verborgene Wut auf ihn. Denn offen oder schon gar nicht Mutter gegenüber konnten sie ihren Unwillen unmöglich zeigen. Und Alois meinte gar, ohne dass er sich das einbildete, alle seien stolz auf ihn.

Natürlich brauchte Mutter für den vierzehntäglichen Wäschesack das Portogeld; und natürlich brauchte sie Geld für die zwei Landjäger, die sie Alois jedesmal beilegte. Dass diese Landjäger gar nie direkt zu ihm gelangten, wusste zu Hause niemand, denn Alois hatte diese mit seinen Klassenkameraden zu teilen: Der Präfekt schnitt die Wurst auf den wöchentlichen Spaziergängen in dünne Rädchen.

Kam Alois einmal heim, gab es besseres Essen, nur, er bemerkte es nicht. Die anderen assen bloss besser, solange er zu Besuch war.

Kam Alois ein- oder zweimal im Jahr mit Mitstudenten heim, wurde gejasst, und es ging toll zu. Mutter bereitete ihnen einen fürstlichen Zobig: sie alle assen «wie die Herren», sagte man damals, und kleine Herren waren sie ja schon, diese Studenten auf dem Weg zum Priestertum. War dieses Ziel einmal erreicht, waren sie damals wirkliche *Herren*; so nannte man sie beim Volk, und schliesslich hiess der Pfarrer *de Heer*.

Für die Geschwister war Bruder Alois ein gnadenloser Schmarotzer; er frass nicht nur das Beste, *Schenkeli* und *Knieplätze*, sondern auch etwas vom Leben weg.

Alle jedoch lächelten jeweils – wie im Reiche China –; und hinter diesem Lächeln standen entweder Verlegenheit und Unbegreifen, oder Neid und etwas Hass. Wird man, fragten sie sich wohl, zum Priester hin gefüttert und gemästet, so wie das Vieh im Stall?

Eine der jüngeren Schwestern soll – so erzählt sie viel später – laut geschimpft und vehement ausgerufen haben: «Der nimmt uns das eigene Leben weg!»

Eine andere Schwester soll einmal einem Geschwister anvertraut haben: «Den hasse ich, auch wenn er es nicht weiss.»

Später ging es weniger um Fleisch und Brot, um Schokolade oder Landjäger; diese wurden allmählich zwar mehr, aber immer weniger schmackhaft. Der alte Goût war verweht.

Es ging bereits um den Priester Alois in der Ferne. Dennoch, war dieser Pater Alois nicht weg, und endlich vom Erdboden ein wenig verschwunden?

Mutter wurde angeklagt, weil sie immer noch viel zu viel für Alois tat. Die jüngsten Geschwister waren überzeugt, dass sie vernachlässigt würden, vor allem sonntags, wenn leidenschaftlich gejasst wurde und Mutter stets Abstand nahm mit den Worten: «Macht nur. Ich jasse nicht mehr so gern. Ich will noch einen Brief schreiben.» Und alle wussten, es war ein Brief an den zukünftigen Priester, und alle wussten genauso, dass Mutter leidenschaftlich gern jasste. Sie vergass, dass ihre Kinder ums Leben gerne mit ihr gespielt hätten. Und das alles wegen Alois.

Mutter schrieb Briefe, lange, klassische Briefe. Am Sonntag schrieb sie, am alten Stubenschrank auf der ausklappbaren kleinen Holzplatte, seitenlange Briefe an Sohn Alois. Alois war stolz auf diese Briefe. Anders seine Geschwister. «Sie hätte besser einmal mit uns gespielt oder gar geredet», klagte später, als es zu spät war, eine Schwester. Alois schrieb Briefe zurück, lange, spannende – für alle, nicht nur für Mutter – und er glaubte, seine Geschwister würden sie ebenfalls lieben und mit Spannung erwarten.

«Mutter hatte für uns einfach keine Zeit», heisst es heute noch über jene Zeit.

Alle hatten verzichten gelernt. Sie lebten karg; sie sparten und sie arbeiteten bereits als Kinder – für den kommenden Priester Alois. Alois dies, Alois das, Alois hier, Alois dort – einfach überall und alles. Alois wurde zum Fluch – und der wusste nichts; merkte nichts. Der täuschte sich ein ganz anderes Verhältnis vor.

Dann ging dieser Priester Alois unendlich weit weg, nach Amerika, nach Asien, nach Afrika. Eine der Schwestern folgte nach. Mutter schrieb nun noch mehr Briefe, doch als es auch Briefe an die Schwester gab, konnten längst alle schreiben, und sie waren froh, dass Mutter stellvertretend schrieb.

Heute erst beginnen sie miteinander darüber zu reden. Viel zu spät. Aber diese Verschwiegenheit und diese Geheimnistuerei, die bis zum inneren Absterben führen, waren Teil dieses Priestertums, von dem alle sagten, dass es nicht von Menschen, sondern von Gott direkt stamme – ein wohl alttestamentlicher Gott, ein Yahwe, der grausam war.

«Bringt mir ja keinen Dreck ins Haus!»

Es gab einmal inmitten einer einstigen Torflandschaft ein Altersheim. Es lag fernab von den – wie man gemeinhin sagt – aktiv lebenden Menschen. Während des Krieges wurde das Moor trocken gelegt und mit vielen gekiesten Wanderwegen versehen. Es gehörte jedoch zum stets fortlaufenden Fortschritt, dass nach und nach diese Kieswege geteert wurden, denn selbst der Wanderer wollte anscheinend auf dem Fundament der Moderne wandern.

Früher wurden sie Anstalten, später Bürgerhäuser genannt. Einst waren es Entsorgungsstätten für alte Knechte und Mägde. Heute sind es meist ansehnliche Altersheime für alle Gemeindebürger. Knechte und Mägde brachten jeweils kaum Geld mit, und so zahlte schliesslich die Gemeinde für sie. Die reichen Bauern liessen ihre alten Knechte und Mägde wie Mostobst fallen.

In der Mooranstalt waren einst die Regeln klar und deutlich; sie blieben es bis heute, denn am Altbewährten wollte niemand etwas ändern. Die allerwichtigste Regel im «Kloster der alten Dienstboten» hiess klipp und klar: «Bringt keinen Dreck herein.»

Wann immer die alten Menschen hinaus zur Arbeit oder zum Spazieren gingen und von draussen zurückkehrten, hiess es: Schuhe abwischen oder wechseln, Schlarpen oder Finken anziehen! «Aber, Herrgott nochmal, Finken sind für Kinder da!» wurde geflucht, oder es wurde darüber gejammert, dass man sie wieder zu Kindern mache. Schon nur wegen dieser Regel war das Heim nicht beliebt. Da half es wenig, dass es am Rand eines schönen Moors mit langer Geschichte lag.

Eine Regel ist das eine, eine Hexe, die das alles peinlich erfüllt haben will, das andere. Da gab es eine ältere Pflegeschwester, die war so sehr auf Sauberkeit bedacht, dass über sie gehänselt wurde: Die kann nie sterben und zu Staub werden, weil weder Staub noch Tod an sie herankommen.

Wann immer ein Bewohner das Haus betrat, war diese Schwester – wie zufällig – herum und mahnte gleich: «Schuhe reinigen!»

Für den alten Seppi gab es im Altersheim eine ewige Litanei, die durch alle Wände, Dielen und Böden ging:

Schuhe reinigen! Amen.

Finken anziehen! Amen.

Gut abscharren! Amen.

Bringt ja keinen Dreck herein. Amen.

Keinen Dreck. Amen.

Dreck, Dreck, Dreck und nochmals Dreck. Dieser ewige Dreck. Dreck hinter allem. Dreck.

Seppi konnte alles tun und lassen, stets musste er an Dreck denken, und das Wort Dreck kam ihm Tag und Nacht in den Kopf. Kam oder ging er, da stand diese Schwester da und mahnte hämisch: «Seppi, bring den Dreck weg!»

Kam er herein, sagte sie (ja, es war zum Verrücktwerden): «He, draussen gewesen? Schuhe schon gereinigt?» Oder wenn er hinausging, kam sie herbei und bemerkte quälend: «Ich sehe ganz genau, dass deine Schuhe sauber sind. Bring sie ja sauber und ohne Dreck zurück.» Kam er dann zurück, wechselte er seine Schuhe und zog diese verdammten Schlarpen an. Aber gerade in dem Moment schon konnte die Schwester um die Ecke kommen und knurren: «Dreck mitgebracht.» Er aber gefügig und wie das Amen in der Kirche: «Ich hab die Schuhe gewechselt...» Und sie: «Aber den Dreck der anderen mitgenommen!»

Die Angst vor Dreck wurde zu einem Alptraum. Gottlob teerte man die Wege, und so ging Seppi nur noch auf geteerten Wanderwegen durchs alte Moos. Er mied alle Kieswege und wollte unter keinen Umständen gar Kieselsteinchen ins Heim zurückbringen.

Den anderen erging es ähnlich. Mit der Zeit liefen alle bloss noch auf geteerten Pfaden und immer hiess es, ob man wollte oder nicht: «Bringt ja keinen Dreck rein!» Das Ganze wurde zur Manie.

Die Insassen gingen nur noch an schönen Tagen hinaus; alle liefen auf Asphaltwegen, rund ums Dorf herum. Ja, nicht einmal ins Dorf wagten sich die Pensionäre, denn die Schwester hatte immer wieder gemahnt: «Der grösste Dreck liegt im Dorf.» Gründe hatte sie nie genannt.

Wenn es längere Zeit geregnet hatte, wussten die Heimbewohner, dass es Dreck selbst auf dem Asphalt hatte. Also warteten sie mit dem Hinausgehen. Und doch kam die Schwester ins Schimpfen: «Ihr seid ein Dreckpack. Schaut einmal, was ihr an Dreck heimträgt!» Und sie trat den Beweis mit einer Güselschaufel voller Dreck demonstrativ an.

Gegen Ende seines Lebens ging er nicht mehr aus. Selbst da kam die Schwester vorbei und stellte in seinem Zimmer Dreck fest. «Herrgott noch einmal, erlös mich von diesem Scheissdreck! Herrgott, bist du etwa Dreck? Überall kannst doch nur du sein. Herrgott, bist du etwa Dreck?» rief er einmal der Schwester ins Gesicht. Diese sagte erschrocken, aber ganz cool: «Seppi, das musst du sofort beichten gehen.» Zum Beichten kam er nicht mehr. Er starb an Herzversagen, nachdem er noch mit aller Wut der Schwester nachrufen wollte: «Ich soll in den Beichtstuhl, in dieses Dreckhaus gehen!»

Auch die Schwester wurde älter, und sie sah immer mehr Dreck. Statt Gott war der Dreck allüberall. Sie nannte die Insassen nur noch mit Worten, bei denen Dreck vorangestellt war: Dreckbande, Dreckpack oder einfach Dreck, und sie sah nach und nach alle Menschen bloss als Quelle von Abfall. Sie wurde eine vom Dreck Verfolgte, und als sie starb, warf ihr der Pfarrer am Grab den letzten Dreck nach.

Der Sonntägler

Folgende Geschichte wurde in unserer Jugend immer wieder erzählt. 60 Jahre später scheint sie vergessen zu sein. Der Sonntag ist etwas Gewöhnliches und Werktage sind abwechslungsreicher geworden. Für uns war das Verhältnis von Sonntag und Wochentagen wie eines zwischen Tag und Nacht. Diese Geschichte soll sich irgendwo im Menzberggebiet abgespielt haben.

Es war ein so schöner Sonntag. Das Wetter stimmte. Der Gottesdienst war interessant. Der Braten und der Härdöpfelstock mit viel Sauce waren fürstlich. Sogar das Kafi Schnaps lief wie verklärt durch die Kehle. Darauf folgte ein spannender Jass mit sehr viel Dramaturgie.

«Ich sag euch, das war ein Tag! So sollte es immer sein. Oh, wenn doch alle Tage Sonntag wär!» so sprach der Knecht, dem eben gekündigt worden war.

Er ging gerade zu Bett. Und wie bei einer Litanei sagte er statt *erbarme dich* «alle Tage Sonntag». Das tiefe Stöhnen sollte alles durchdringen, in alle Ecken und Enden gehen, damit es sämtliche Geister, die irgendeine Macht hatten, hören konnten.

Vielleicht machte es dann jemand einmal möglich: immer Sonntag!

Bevor er einschlief – oder war er bereits eingeschlafen? – kam ein Geist zu ihm und bot ihm die Möglichkeit, für eine Zeit lang jeden Tag als Sonntag zu erleben. Voll Begeisterung stimmte er zu; nach den Bedingungen erkundigte er sich nicht.

Eine Woche darauf, genau am Sonntag, begann der Spuk. Bereits dieser Sonntag war nicht mehr so prächtig wie der letzte, an dem er den Wunsch des ewigen Sonntags ausstiess. Eigentlich waren die Umstände fast die gleichen. Aber er genoss diesen Sonntag anders, denn er musste nicht alles in einen Tag hinein- und zusammengepresst geniessen. Zudem wusste er ja, dass es sonntäglich weiterging. Alles in seinem Kopf hatte sich verändert. Der Druck war weg. Ohne diesen, so spürte er schwach, kam eine kleine Form von Langeweile auf. Ein lang weilender Sonntag? Schon jetzt dämmerte eine Ahnung, dass das immer Gleiche oder der ewige Sonntag langweilig werden könnte. Aber er hatte es sich so gewünscht. Nun gab es vorderhand keinen Rücktritt. Wo käme die Welt hin, wenn beim ersten Verleider stets geändert würde?

Als er am Montag erwachte, wusste er nicht, was er tun sollte. Wenn du allein Sonntag hast... Es gab kein Sonntagsfrühstück; es gab keinen Kirchgang, und das Essen auf dem Hof war werktäglich. Schliesslich hatte er allein Sonntag; die anderen gingen dem Alltag nach. Schon kam ihm leise Unzufriedenheit hoch, ja Misstrauen. Ob ihn der Geist perfid erwischt und hereingelegt hatte? Aber es war noch immer ein schöner Tag, konnte noch unter «Sonntag» laufen...

Am Dienstag schlief er sich aus, und so kam sein Rhythmus durcheinander. So etwas hatte er niemals im Leben getan. Das war kein Sonntag, weil er erst um 10 Uhr begann und ohne Messe blieb. Er stöhnte leicht, was er an richtigen Sonntagen nie tat. Etwas Sonntägliches musste ja nun passieren. Am Nachmittag ging er in die Pinte. Er trank Kafi Schnaps, eins, zwei, drei, vier, und dann verliess ihn das Zählen. Bei Wirtschaftsschluss stellte ihn der Wirt aus dem Haus. Wie er heim kam, erinnerte er sich nie mehr.

Am Mittwoch erwachte er, wiederum spät, mit Kopfschmerzen. Die Idee des Sonntags zerbröckelte. Es gab bloss nach langweilige Zeit, alles war gleich: das war kein Sonntag. Zum Sonntag, das merkte er jetzt, gehörten eben andere Leute, andere Kleider, andere Gesichter, ein anderes Umfeld. Was nützte ihm ein einsamer Sonntag? Ein Sonntag für ihn allein, das merkte er schon jetzt, war kein Sonntag. Sonntag ist der Tag, an dem man zusammen ist.

Mit seinem schweren und verwirrten Kopf begann er in der Kammer zu beten: «Herrgott, nimm diesen Sonntag zurück! Lass mich wieder arbeiten und sein wie die anderen. Herrgott, gib mir die alte Ordnung wieder.»

Der Geist, der ihm diese ewigen Sonntage geschenkt hatte, lachte zynisch durch die Spalten der Kammer.

«Du Idiot! Selbst bist du schuld! Da hilft dir kein Herrgott mehr. Ich hab dich. Ich weiss auch, was passieren wird. Hahha.»

Was sollte er tun?

Immer mehr ging alles durcheinander. Die Zeit war weg, und er kam entweder zu spät oder zu früh. Er war bereits zu spät zum Mittagessen. Darüber hinaus wurde er beschimpft: «Faulpelze verdienen ihr Essen nicht!»

Von einer Sonntagsstimmung spürte er längst nichts mehr. Es blieb ihm nichts anderes übrig, als in die Kneipe zu gehen und Kafi Schnaps zu trinken.

Er ging wohlweislich in eine andere Kneipe als gestern, eine, die weiter weg war, damit er weiter gehen musste und Zeit verlor. Auch in der zweiten Pinte kannten ihn die Leute und sie wunderten sich, was der wohl wollte. Vormittags ging kein Bauer in die Beiz, ohne dass es zu einem Handel mit einem Berner gewesen wäre. Knechte kamen höchstens, wenn Bauern sie entlassen hatten, aber das war meist nach der Ernte im Sommer. Er war daher allen ein Rätsel. Die Wirtin dachte an Liebessorgen und wollte ihn trösten. Er sagte bloss: «Vergiss diesen Schmarren!»

Jemand anderer trat ein, und dieser Bauer behandelte ihn schon wie einen, der der Anstalt entflohen war. Es war zum Verrücktwerden. Ein solcher Sonntag wurde ja zur Folter. Schwer besoffen fand er nicht einmal den Weg zurück und schlief auf der Heubühne neben dem Restaurant.

Als der Donnerstag für ihn wieder Sonntag war, wusste er weder ein noch aus. Zudem merkte er, dass sein Geld alle war.

Er konnte also seinen Sonntag nicht einmal mit Kafi Schnaps fortsetzen. Er hatte nie daran gedacht, wie teuer Sonntage sein können. Gut, man gab ihm Kredit. Er spürte, dass die Leute ihn bereits als Irrenhausfall betrachteten und hinter seinem Rücken zueinander sagten: «Schad um diesen flotten Burscht! Der Teufel muss in ihn gefahren sein.»

Dass er im Bann stand, merkten sie jedoch nicht.

Der Freitag war bereits Hölle, und zwar so Hölle, dass er sich diese nicht mehr schlimmer vorstellen konnte. Kredit bekam er nicht mehr. Er merkte, dass er in den letzten Tagen nichts mehr gegessen hatte, und dass ihm nun sogar das wundersame Kafi Schnaps die Därme umzudrehen begann. Ob er Gallen- oder Nierensteine bekam, oder ob das die verdammte Magensäure war? Sonntag war das alles längst nicht mehr. Dieser verdammte Kerl, der ihm dieses Angebot gemacht hatte... der wusste nichts; der hatte nicht die geringste Ahnung von Werk- und Sonntagen...

«Klar, das war der Teufel!»

Am Samstag versuchte er alles, um diesen ewigen Sonntag rückgängig zu machen. Das schöne Wetter hielt an, also stieg er auf einen Napfgütsch hoch, um Zeit zu vertreiben und um vielleicht einen klareren Kopf zu bekommen. Der Geist – für ihn war es längst der Teufel, der ihm das alles eingebrockt hatte – wartete auf dem Gütsch und sagte zynisch neckend zu ihm: «Es gibt kein Zurück mehr.«

«Du Sonntägler, dich hab ich nun. Ich brauche dich. Ich will, dass der Sonntag dich ums Leben bringt. Weisst du, ich brauche für meine Erlösung einen Selbstmörder», sprach der Geist.

«Fange ich jetzt auch noch an zu spinnen?» fragte sich der Verzweifelte. Ja, und was sollte dann mit ihm geschehen? Musste einer verdammt werden, damit ein anderer erlöst würde?

Der Geist blieb bei seiner Erpressung: «Entweder Selbstmord oder mit dem ewigen Sonntag weiterleben!»

Der im ewigen Sonntag Gefangene stiess einen fürchterlichen Schrei aus und fiel von der Fluh. Man habe ihn durch alle Schratten und Flühe gehört, hiess es später.

Der Pfarrer fand ihn körperlich schwer verwundet und geistig gestört und erteilte ihm die Letzte Ölung. Er starb jedoch nicht. Das Spital Huttwil verliess er als Krüppel. Ob das dem bösen Geist genügt hat?

In der Bevölkerung wurde er zum *Sonntägler*. Er soll später der treueste Knecht im Menzberg gewesen sein. Seine Lebensweisheit lautete, bevor er, kurz vor dem Ersten Weltkrieg, starb: «Nimm jeden Tag wie er kommt, denn jeder Tag hat sein Leid und seine Freud...».

Wenn sich Liebe zurückzieht

Frau Imfeld war als Studentenmutter weltbekannt. Das darf jedermann sagen, und er oder sie übertreibt nicht. Sie betreute und umhegte stets Studenten, die Missionare werden wollten. Selber besass sie wenig, aber ein Gefühl von zu Hause konnte sie allen vermitteln. Zu solch einprägsamem Gefühl gehörten drei Dinge: ein zünftiger Jass, ein *Kafi Schnaps* und ein zünftiges *z'Fünfi*. Immer wieder behauptete sie: «Wohlwollen ist wichtiger als Geld.» Als später immer weniger Priester aus dem Volk hervorgingen, schrieb sie das dem Verschwinden von Kafi und Jassen zu.

In die armselige Stube der Roth und später in die grosse Hinterland-Stube hat sie alle Immenseer oder solche, die ihr Sohn kannte, eingeladen. Imfelds waren ein echter Studentenhort. Da ging es manchmal ganz toll zu und her; es wurde gelacht und auf den Eichentisch geklopft, und es gab andere übermütige Kracher. Frau Imfeld war überzeugt: ihr Haus hat die Berufungen zum Priestertum gefördert. «Studieren allein reicht nicht», das wusste sie gut, und so lud sie während der Ferien immer wieder zu einem Jass mit einem anschliessenden z'Fünfi-Fest ein. Immer hat sie selbst gebackene *Guetzi* und Kuchen und später ein bodenständiges z'Fünfi serviert. Während also die Studenten in der Wohnstube jassten, buk und briet sie in der Küche mit grossem Erfolg. Wie sie die Teller mit Schinken belud, mit hart gesottenen Eiern, deren Gelb den Speck umrandete... und immer holte sie aus dem Garten noch Grünzeug; doch Gurken kannten wir nicht.

Über all die Jahre entstanden tiefe Freundschaften – Mutter Imfeld wusste die auch ausserhalb des Jassens zu pflegen. Eine Freundschaft will gepflegt sein, sagte sie immer wieder. Jeden Sonntagnachmittag schrieb sie Briefe an Missionare,

Priester, Brüder und Schwestern in der ganzen Welt. Sie fühlte sich mit vielen Menschen und über sie tief mit vielen Ländern verbunden.

Über diese Freundschaften hat sie, wie sie stolz berichtete, China, Japan, Formosa, Rhodesien, Betschuanaland, Peru, Kolumbien und viele andere Länder kennen gelernt. Aus all diesen Gegenden hatte sie Postkarten bekommen und an die Wand gesteckt. Viele der Missionare veranlassten, dass Frau Imfeld das Missionsheftchen ihrer Gesellschaft gratis bekam; die waren ihr Lesestoff.

Im hohen Alter, als man sie im Altersheim besuchen musste und sie keine Königin der Küche wie etwa in der Brügglismatt mehr war, ging sie die Namen der Studenten von früher durch und fragte der Reihe nach:

«Was macht der Schmidlin? Er hat mir vor einiger Zeit einen Brief geschrieben.» Diese Zeit konnte auch länger zurückliegen. Zeit und Raum verwischten sich bereits für eine andere Dimension des Lebens.

«Und der Graf Loisl in Zimbabwe?»

«Ja, und der Birrer Eugen, ist er noch in Kenia?»

«Der Ueli Scherer, auf Taiwan, ist er noch immer ein Lausbube?»

«Und auf Haiti – tja, wie heisst die Schwester dort?»

Nicht nur um die zukünftigen Missionare kümmerte sie sich; sondern auch um die Freier. Ihren Töchtern brachte sie bei: «Einen der nicht jassen kann, sollst du vergessen. Was wird der später tun? Der geht ins Wirtshaus.»

In der Schweiz organisierte sie Besuche unter Verwandten; wir nannten das «einfädeln». Sie war mit allen Tanten und Onkeln auf beiden Familienseiten, mit Nichten und Neffen, mit Grosskindern verbunden. Alle Namen kannte sie, an allem und an jedem Detail war sie interessiert. Bis zur letzten Kleinigkeit erzählte sie denen, die sie besuchten, alles. Frau Imfeld war keine Schwatztante; gegen diese Bezeichnung hat sie sich gewehrt: «Wer nicht wie im Rosenkranz *Knäueli för Knäueli* alle durchgeht, hält diese nicht zusammen.»

Ich habe in meinem Leben und trotz Kenntnissen der weiten Welt nie Ähnliches gesehen. Frau Imfeld strahlte eine unbeschreibliche Wärme aus; sie mesmerierte sozusagen ihre gesamte Umwelt. Nicht dass ihre Strahlen einfach vom einen zum anderen und weiter gingen, an der Oberfläche haften blieben; nein, sie bildeten ein Gerüst; sie umschlangen die Welt. Diese liebende Wärme ging gleichzeitig zu Herz und Gemüt, erwärmte die Seele, kam zurück. Jeder spürte sofort, dass das tief, sehr tief ging. Sie war ein Pflock in dieser Welt, und sie hielt gar viel zusammen.

So begriffen wir alles, was um ihren Tod herum passierte. In den letzten Stunden, in denen sie sich zurückzog, zitterte etwas auf dieser Welt, und es geschahen die sonderbarsten Dinge in ihrer Nähe und weltweit. In unserer katholischen Luzerner-Tradition kannten wir alle diese Ereignisse als *Künden*. Dieses Wort sprach niemand leichtfertig und wie andere Worte aus. Alle wussten, was es bedeutete. Beim Tod einer bestimmten Person spaltete sich etwa der Boden, oder eine Fensterscheibe zerbrach. In dem Moment wusste die Person, die es anging, also die vom *Malheur* Betroffene, da kommt eine Nachricht von der sterbenden Person auf mich zu. Diese Person kündet ihren Tod an. Das tut sie, weil eine besondere und tiefe Verbindung, die auch negativ sein kann, besteht. Grosse Liebe und grosser Hass braucht immer zwei Seiten. Wenn eine Seite geht, zerreisst der Sinn. Das Phänomen des Kündens ist bis heute geblieben.

Als Frau Imfeld ihre tiefe Verbundenheit zurückzog, folgten Türen und Geschirr betroffener Personen ihr beim Zurückziehen, oder etwas riss, und etwas flog aus dem Schrank oder vom Tisch. Eine positive Spannung verlor die «andere Seite».

Solches geschah nicht nur zu Hause oder in ihrer Umgebung, sondern weltweit, überall, wo ihre Beziehungen lebendig waren.

Ein paar Tage nach ihrem Tod traf ein Brief aus Zimbabwe ein. Darin fragte ein Mitbruder, ob Mutter Imfeld tatsächlich gestorben sei: «Mitten im Busch ist der Messekoffer plötzlich aufgesprungen, die Hostienbüchse ist auf den Boden gefallen, sie hat sich geöffnet und die kleinen Hostien wurden im Busch zerstreut. Ich habe sofort gewusst, das kommt von Mutter Imfeld. Wie ein Blitz war das, und völlig unvorbereitet, denn seit einiger Zeit schon hatte ich nicht an sie gedacht. Nur einmal, als es mir schlecht ging, dachte ich, wie schön wäre es, jetzt bei Mutter Imfeld ein Kafi zu trinken und zu jassen.»

An der Beerdigung erzählte Cousin Steffi aus Galgenen, dass er am Nachmitag beim Zeitungslesen döste. Plötzlich sei die Tür des Wandschranks aufgegangen, und er habe klar gehört, wie Mutter Imfeld ihm schmunzelnd sagte: «Steffi, schon so lange hast du mir versprochen, mich auf die Alp mitzunehmen. Das magst du nun vergessen, das kannst du im Jenseits einlösen.» Er sei darüber nicht erschrocken. Als am Abend das Telefon läutete, wusste er: das ist die Einladung zur Beerdigung der Mutter Imfeld.

Als Steffi dies auf dem Weg vom Friedhof zum Leichenessen erzählte, getraute sich auch der Cousin Glöis aus Lungern:

«Sehr interessant. Das selbe passierte auch mir. Ich hätte es nicht zu erwähnen gewagt, wenn nicht Steffi eben sein Erlebnis erzählt hätte.»

Er veränderte seine Stimme, um ihr Glaubwürdigkeit zu geben, und fuhr voller Ernst fort:

«Es ist wirklich wahr. Ich lüge nicht. Auch ich lag auf dem Sofa und las Zeitung. Da flogen auf einmal Gläser aus dem Schrank. Eine Stimme sagte – und es war Mutter Imfelds Stimme: ‹Es gibt keinen Jass mehr.› Und es war Mutter Imfelds Stimme, das schwöre ich.»

Ich habe ebenfalls ein Erlebnis zu berichten. Zum Muttertag hatte ich wie immer für Mutter eine Geschichte geschrieben und sie ihr geschickt. Auf Besuch ging ich an diesem Tag bewusst nie; das wusste sie, akzeptierte es mit dem Verstand, und dennoch war sie traurig, wie man mir aus dem Altersheim mitteilte. An jenem Muttertag trat eine Wende ein. Mutter hatte am Nachmittag froh und munter Karten gespielt, also gejasst. Am Abend muss sie einen kleinen Schlaganfall gehabt haben. Als eine ihrer Töchter, die in der Nähe des Altersheims lebt, nach Mutter schaute, sagte Mutter, was sie schon vorher immer wieder gesagt hatte: «Bitte, bringt mich nicht ins Spital. Wenn ER kommt, dann will ich mitgehen. Ich will zu Vater.» Der Verwalter liess ihren Arzt kommen. Dieser stellte fest, dass sie sehr schwach geworden sei. Sie nehme zwar alles wahr, aber man müsse auf ihr Sterben gefasst sein.

So rief die Tochter eine ihrer Schwestern; die beiden waren ab Montag Morgen bei ihr.

An diesem Montag hat sich Frau Imfeld erinnert, dass sie die Geschichte von Al nicht gelesen hatte. Lesen konnte sie nicht mehr, also wünschte sie, dass Hanni oder Mariann die Geschichte vom *Korber* vorlasen, von den Weiden an Sidlers Bächlein, der Eiche im Ecken; vom Mätteli, wo sich alle Männer zum Schwatz trafen; von Sidlers, die als Erste ein Telefon hatten und jeweils Vater Imfeld oder den alten Muff ans Telefon riefen; von Imfelds, die, als Erste Besitzer eines Radios, zusammen mit allen Mannen von der Roth am Freitag die «Weltchronik» von J. R. von Salis hörten; von dem einen Weidenstock, der herausstach; vom Korber, der im Winter aus den Weiden *Zeinen* oder *Znünikörbe*, und einmal gar ein *Huttli* für den kleinen ältesten Sohn flocht.

Mutter Imfeld muss etwas von einer grossen Vergangenheit, mit sehr viel Kontakt und Austausch, von Menschen, die wie Weiden zu besonderen Gefässen geflochten wurden, gesehen haben. Sie war sehr schwach, aber sie sagte immer wieder leise: «Lest, lest, ich will das nochmals hören.» Sie war ein Leben lang eine *Korberin* gewesen und hatte Menschen wie Weiden zusammen oder ineinander geflochten.

Am Mittwoch darauf – mitten im Vorlesen eines weiteren Abschnitts der Korber-Geschichte, sagte Mutter Imfeld: «Könnt ihr nicht Al telefonieren, damit er herkommt. Wenn er kommen kann, warte ich mit *meinem* Tod, bis er da ist.»

Al verliess in Zürich eine Sitzung, setzte sich in die S-Bahn und fuhr unverzüglich nach Steinhausen. Als er ins Zimmer trat, lächelte die Mutter, sagte kein Wort und ging hinüber – zu Vater.

Andere ihrer Kinder waren auch herbeigekommen. Hanni hatte sie nach dem Anruf an Al wissen lassen, dass es bald vorbei sein müsse. Al war der Älteste, und Mutter war so stolz auf ihn. Als Mutter sagte, dass sie auf ihn warten würde, war es klar, sie würde sterben. Hanni konnte also ohne weiteres ihre Geschwister benachrichtigen. Einige schon nach Mittag. Schockiert wie beim Tod anderer Menschen war niemand; betroffen wohl, und traurig, einen solchen Menschen zu verlieren und nicht mehr an der Seite zu wissen. Immer wieder hielten die Kinder fest, dass ihre Mutter etwas ganz Besonderes sei und sie alle zusammenhalte, zusammengeschnürt wie ein Bündel. Die Mutter war eine *Wiidebinderin*.

Vor allem schmerzte es sie, wenn die Kinder sich nicht «brav» verhielten. Darunter verstand sie, dass sie neidisch auf einander waren, sich nicht vertrugen oder gar sich gegenseitig verdächtigten. Aber dies kam immer wieder vor; dann schloss sie ihre Kinder ganz besonders ins Gebet ein und weinte eine Träne. Sie hat sich nie wegen ihrer Tränen geschämt.

Das Sorgenkind der Familie war Otto. Seit einiger Zeit galt er als verschollen, und niemand hatte eine Ahnung, wo er sich aufhielt. Mutter Imfeld brachte es fertig, ihn vor ihrem Tod kurz ans Sterbebett zu ziehen.

Für Hanni und Mariann war es einfach unglaublich, als

Otto plötzlich im Zimmer der Mutter stand. Mutter schlief, die Schwestern benutzten die Zeit, in der Küche etwas zu Mittag zu essen. Als Hanni wieder ins Zimmer der Mutter trat, sah sie Otto und schrie auf: «Ein Geist, ein Geist!» Mariann eilte herbei. Sie merkte nicht, dass Otto an ihr vorbeiging – und wieder verschwunden war. Sie trat an Mutters Bett. Die Mutter sagte, offensichtlich erleichtert: «Ich habe Otto ans Herz gelegt, dass er euch nicht böse sein und euch keine weiteren Sorgen bereiten soll.»

Und Mariann fragte: «War er denn hier?»

Mutter ganz ruhig: «Selbstverständlich. Ist er nicht zu euch in die Küche gekommen?»

Beide waren völlig verdutzt. Mutter verlangte: «Kommt der Al? Die Korbergeschichte von Al ist noch nicht zuende gelesen. Lest weiter. Sie ist so schön.»

Worterklärungen

Immer wieder werde ich gefragt, warum ich nicht «besser» Deutsch schreiben und so viele Helvetismen oder gar Dialektworte benutzen würde.

Hätten Sie es denn lieber Englisch? Ich gebe zu, dass ich es bewusst tue und genau wie ein Afrikaner mit seinem Englisch oder Französisch kolonial daherkomme. Letztere schreiben heute zurück. Sie gebrauchen neue englische oder französische Wörter. Sie erweitern damit die Sprache, durchbrechen eine Form des Sprachimperialismus; sie lassen sich nicht mehr mit Kategorisierungen wie *Kaffern-Englisch, Slang* oder erst recht nicht mit *Pidgin (Kitchen-Englisch)* abfinden.

Drei Grosse haben sich dazu geäussert: der Nobelpreisträger *Wole Soyinka*, der vom nigerianischen Diktator Abacha ermordete *Ken Saro-Wiwa* (er sprach von *Rotten-Englisch*) und der Ghanaer *Kojo Laing*. Sie glaub(t)en, dass Sprache ein Recht zur Erweiterung hat und dass Entkolonisieren auch Veränderungen der Sprache mit sich bringt. Etwas davon versuche auch ich, und ich fühle mich solidarisch.

Zweitens: Ich bin wie manche von ihnen Geschichtenerzähler; da braucht man wie der Sänger bestimmte Klänge und Worte, die dem Abgelaufenen möglichst nahe kommen; ich verstehe diese Klänge und Worte als eine andere Form der Lautmalerei.

Drittens: Der Mensch muss beim Lesen nicht jedes Wort verstehen; er nimmt manches dennoch auf. Das beweist meine erste Geschichte.

Abriss meint eine Gälle oder einen Abgrund; daran oder darüber war so manches Gütchen im Hinterland «geklebt».

Angemachtes	In Alkohol wurden Kräuter eingelegt; 12 verschiedene kamen in unserer Gegend in Frage. Also: ein Kräuterschnaps ähnlich dem ‹Alpenbitter›.
Ankemödeli	Ein Stück Butter.
Beige	Aufgestapeltes Holz; oft sehr kunstvoll geschichtet.
beigen	ist daher mehr als das deutsche Stapeln; jede Gegend hat ihre Form des Beigens, ihre typische Holzbeige.
Biecht	bezeichnet die faszinierende weisse Raureifüberzuckerung.
Brente	ist ein Milchgefäss für (meist) 50 Liter.
Chaib, Cheib	Depp
Chäufmali	ist im Luzernischen ein neckisch sympatischer Ausdruck für den Geschlechtsnamen *Kaufmann*.

Chilt oder *z'Chilt go*. Der Gang zum Freien.

Chnörzelichaibe sind verkrampfte Herumbastler, in sich gekehrt, somit etwas geheimnisvoll und wohl auch verdächtig. *Chnorzen* ist ein mühsames und lustloses sich Abmühen.

Chnorzerei	meint ein eher knauseriges Verhalten; ein verschlagenes Tun-als-ob.
Chrachen	bezeichnet meist ein sehr abgelegenes Steilhang-Gütchen; eng und fast unzugänglich. Siehe auch *Krachen*.

Chrome, Chrume ist gestelzt deutsch *ein Koben*; das versteht niemand. Also machen wir daraus einen Verschlag und Schweinestall.

Döggeli	sind Arme Seelen, das heisst, noch unerlöste, und sie machen daher durch Klopfen auf sich aufmerksam.

Gesetzchen, Gesätzchen: Der Rosenkranz zählt fünf Einheiten mit je zehn Perlen; eine dieser Einheiten wird *Gesetzchen* genannt. Es müsste eher mit ä geschrieben werden, weil es von «Satz» herrührt.

Gitzi   Zicklein

Götti   ist ein Pate; die *Gotte* eine Patin.

Gülle   ist wohl mit Dürrenmatt weltbekannt geworden; Gülle bedeutet Jauche. Hier zeigt sich die Laut- und Bildmalerei intensiv und gleichzeitig.

Guetzi, Guetzli   sind (meist selbstgemachte) Bisquits, Plätzchen.

Güsel   ist Kehricht, die Güselschaufel somit eine Kehrichtschaufel.

Gusti   ist ein älteres Kalb, das noch nicht trächtig ist. Oder es sind die Kälber, die grossgemästet werden.

Heer   war eine Ehrfurchtsbezeichnung für den Pfarrer.

Huttli, Hutte   ist eine Rückentrage, aus Weiden geflochten.

Kafi   ist tatsächlich einmal *der* und dann wieder *das*. Der Kaffee aus nur Bohnen ist männlich, jedoch das Kafi Schnaps ist sächlich. Man trank also ein Kafi.

Krachen   ist ein echter Krähwinkel! Siehe *Chrachen*.

Leutescheu   Menschenscheu.

Machen   «Wie macht der das nur?» ist eine typische Frage in unseren armen Gegenden: Wie bringen diese Menschen ihre Familien durch? Das fragte man sich auch untereinander, etwa: «Wie lange machen die das noch?»

Pflanzplätz   ist eine Form des Gartens, da wird Gemüse angepflanzt.

Pickel	ist eine Spitzhacke.
Räf	hat zwei Bedeutungen: 1. Hölzernes Rücken-Traggestell, 2. Eine rässe oder unnachgiebige, auch etwas verschlagene Frau war ein *Räf*.
Rank	Kurve.
Rüfen	sind Schuttlawinen, die nach heftigem Regen den Berg herunterdrängen.
Schinner	Aus Weiden hergestellt, wurde der Schinner als Behälter für Obst, Gemüse, aber aber für schmutzige Wäsche benutzt.
Schübel Gras	ist ein Armvoll oder ein Wisch.
Stöckli	ist typisch für die Gegend des Napf; es ist der kleine Alterssitz für Vater und Mutter nach der Übergabe (manchmal sehr spät) des Hofes an die Jungen. Also: ein Nebenhaus. |//

Süber oder *schön süberli* wird sehr oft gebraucht und ist eine Mahnung, nicht zu voreilig zu sein; ja nichts überhasten: «süberli, süberli», heisst es immer wieder, keine Hast…

Tiffig	meint (lobend) beschlagen; ein tiffiger Bursch hatte etwas in sich.
Verschüpfter	Verstossener

Worben, zetteln, zetten. Gras zum Trocknen ausbreiten.

Wasserschmecker ist ein Rutengänger; auch ein Pendler sucht nach Wasser. Er findet vor allem versteckte Wasseradern, die Auswirkungen auf Gesundheit und Wohlbefinden haben sollen.

Zaine	Geflochtener Tragkorb; der Luzerner sagt eher *Zeine*.
Znüni	Bäuerliche Zwischenmahlzeit am Vormittag, etwa um 9 Uhr.
Zobig	Bäuerliche Zwischenmahlzeit am Nachmittag, etwa um 15 Uhr. *Zobig* unterscheidet sich vom

Z'Fünfi   Das nahmen die Melker zu sich, bevor sie zur Abendarbeit gingen. Im Sommer gab es z'Fünfi für alle.
Zügeln   ist schweizerisch für Umzug.